消費者のための集団裁判

消費者裁判手続特例法の使い方

北海道大学大学院教授 町村泰貴［著］
［監修］特定非営利活動法人消費者支援ネット北海道

LABO

序　文

消費者のための集団裁判
〜消費者裁判手続特例法の使い方〜

特定非営利活動法人消費者支援ネット北海道
理事長　向田　直範

　2013年12月、消費者・消費者団体等が長年求め続けていた「消費者の財産的被害の集団的な回復のための民事の裁判手続の特例に関する法律（以下「消費者裁判手続特例法」という。）が成立しました。2006年の「消費者契約法」改正による適格消費者団体の差止請求権創設の際、国会の付帯決議では「消費者被害の救済の実効性を確保するため、適格消費者団体が損害賠償等を請求する制度について、……その必要性等を検討すること」とされていましたから、7年目の悲願達成ということになります。

　消費者裁判手続特例法の施行までまだ間がありますが、施行されるとどのように機能するのか不明なところも少なくありません。また、どのような団体が特定適格消費者団体として被害回復関係業務を行うことができるのか、消費者団体関係者にとってもなかなか理解しがたいところがあります。

　本書は、消費者裁判手続特例法が施行された場合に、集団的消費者被害回復裁判手続がどのように進行するかを第1部においてシミュレーションで示しております。また、第2部において理論的な説明をしております。第1部を読んでいただくと集団的消費者被害回復裁判手続の進行が良く分かるようになっています。もっと詳しく知りたい場合には第2部に進んでいただくと理解が深まるようになっています。

　執筆者の町村泰貴氏は、特定非営利活動法人消費者支援ネット北海道（以下「ホクネット」という。）の理事・検討委員長（北海道大学大学院教授）です。本書は、町村理事が原稿を書き、それについて検討委員メンバーが意見を述べて加筆・修正して仕上げたものです。また、シミュレーションについては、今年6月14日、ホクネットが実施・運営した「集団的消費者被害回復制度

序　　文

成立記念シンポジウム」（札幌市主催）において、道尻豊ホクネット専務理事（弁護士）が報告した「集団的消費者被害回復制度事例シミュレーション『私の被害、どうなるの？』」がベースになっております。

　本書は、ホクネットの総力を挙げて完成させたものです。消費者団体の関係者だけでなく一般消費者にも強くお勧めします。どうぞ一度手にとってご覧ください。

はしがき

特定非営利活動法人消費者支援ネット北海道理事・検討委員長
北海道大学大学院法学研究科
教　授　町村　泰貴

　本書は、2013年の暮れに成立した消費者の財産的被害の集団的な回復のための民事の裁判手続の特例に関する法律（消費者裁判手続特例法）を利用する立場から、その意味を明らかにする目的で書いたものである。
　消費者裁判手続特例法は、一つひとつは少額だが多数に共通して生じるという特徴を持つ消費者の取引被害について、集団化することによって、裁判手続による回復を可能にする画期的な制度として創設された。司法を通じた権利実現を私人のイニシアティブにより追求することは、実体法が定める権利の現実化に欠かせないプロセスであり、そのためには司法へのアクセスが大きく開かれていなければならない。多数人に及ぶために総額としては巨額の不当な利得が事業者にありながら、一人ひとりは少額であるために回復できない、腐った権利といわれる消費者被害回復の権利について、消費者裁判手続特例法による手続は、その司法へのアクセスを大きく改善するものとして重要な制度である。
　消費者には限られないが、多数人に共通する権利の司法へのアクセスを拡充する制度としては、かねてからアメリカにおけるクラスアクションが有名であったところ、消費者裁判手続特例法による手続は、その日本版ともいえるものである。かくして本書では、日本版クラスアクションという言葉も使用している。
　もっとも、日本版クラスアクションはアメリカのものとは様々な点で異なる制度となった。原告となりうる者を、あらかじめ訴訟追行の適性・能力があることを行政的に認めた団体に限ったこと、オプトイン型にしたこと、手続を二段階に分けたことなどである。さらに、アメリカとは司法制度のイン

はしがき

フラともいうべき部分で大きな違いがある。すなわち法曹の数、成功報酬制（コンティンジェント・フィー）、民事陪審、懲罰賠償制度、広範囲の情報開示（ディスカバリ）など、民事訴訟を提起するインセンティブを大いに高めるアメリカの諸制度が日本には欠けているため、アメリカのような訴訟社会になるという懸念は全くの杞憂というべきである。

それにもかかわらず、濫訴防止とのスローガンに迎合して提訴抑制的な方向に進むなら、司法のアクセスを向上させるために作ったはずの消費者裁判手続特例法が目標どおりの効用を発揮できるのかどうか、疑問と言わざるをえない。

本書において、消費者裁判手続特例法の規定内容を、解釈にも立ち入って検討を加えた一つの目的は、司法へのアクセスの向上という立法目的が蔑ろにされないため、その有効な使い方を模索したいという点にあった。

加えて、消費者裁判手続特例法は従来の民事訴訟原則に多くの点で例外をもたらすものということができる。第一段階の共通義務確認訴訟では、その原告適格、訴えの利益、訴訟物、判決効といった基本的な部分に、従来の訴訟原則とは異なる要素が存在する。第二段階の簡易確定手続と異議後の訴訟でも、倒産債権の確定手続に範を得た作りとなってはいるが、管財人と手続追行団体とでは性格が異なるし、回復した金銭の分配手続は明確となっていないなど、規定としても倒産法の周到さには及ばない。

これらの点を踏まえ、本書のもう一つの目的として、民事訴訟法学の立場から、消費者裁判手続特例法の創設する手続の構造や意味を究明することを試みた。

＊＊＊

本書は二つの部に分かれる。

第一部は、消費者裁判手続特例法による消費者被害の集団的回復がどのように進むのかを、シミュレーションという形で示した。

その中では具体的な紛争を措定し、それが特定適格消費者団体によって取り上げられ、提訴に至り、共通義務確認判決を経て簡易確定手続、そして異

議後の訴訟に至るまでの経過を物語風にまとめた。加えて、項目ごとに進行段階を示すポインタと関係図を掲げ、ポイント解説部分では第二部の関係する部分へのレファランスを付けた。

　第二部では、消費者裁判手続特例法の制定に至る経過や立法目的、諸外国の制度の簡単な紹介に続き、法律の具体的な規定の趣旨を明らかにし、解釈を試みた。

　その解釈に当たっては、前述した本書の目的に従い、消費者裁判手続特例法の本来の目的である司法へのアクセスを向上させ、少額多数被害の回復を現実のものとすることを基本的な方針としつつ、民事訴訟法学の立場からの理論的な検討を行った。

　本書は基本的に立法資料、消費者庁の公表した資料、立法過程に携わった研究者の論文等に依拠しており、以下の謝辞に記す多くの方々からの示唆にも依拠している。もっとも、本書中の意見にわたる部分は、筆者個人の見解である。また、研究ではないので、参考文献の具体的な注記は省略した。

　　　＊＊＊

　本書が成るにあたっては、様々な方々のご助力を得た。もとより内容面の責任は筆者にあるが、本書の内容の多くはこれまで筆者が参加した共同研究等に示唆を得たものである。

　まず筆者の所属する非営利活動法人消費者支援ネット北海道（ホクネット）の理事、検討委員、検討グループ員の支援と監修を受けた。ホクネットは適格消費者団体であり、消費者裁判手続特例法の施行後は特定適格消費者団体となることを目指した活動を行っている。本書は、その活動の一つの成果ということもできる。

　また消費者庁の担当官諸氏には、様々な機会を通じて消費者裁判手続特例法の意味解釈について教示を受けた。そして本書の多くの部分は、同庁消費者制度課編『一問一答消費者裁判手続特例法』の記載に負っている。

　さらに、本書執筆過程では、全国の適格消費者団体関係者との意見交換、消費者法学会での検討、民事訴訟法学会での検討、北海道大学大学院法学研

はしがき

究科における民事法研究会での報告・討論等の結果により様々な示唆を得た。千葉恵美子・名古屋大学教授を研究代表者とする研究プロジェクト・ライフサポート研究会での検討にも、本書は多くを負っている。

　最後に、弁護士会館ブックセンター出版部LABOの渡邊豊氏に、本書の企画立案から編集の労をとっていただいた。

　ここに記して謝する次第である。

　2014年9月1日

　　　　　　　　　　　　　　　　　　　　　　　　　　　筆者記す

目　次

序文
はしがき

第1部　シミュレーション
～集団的消費者被害回復裁判手続の進行

1. 訪問販売でトラブル発生 ……………………………………… 2
2. 相談 ……………………………………………………………… 7
3. 特定適格消費者団体の活動開始 ……………………………… 11
4. 事業者との交渉、提訴の決意 ………………………………… 15
5. 共通義務確認訴訟の提起 ……………………………………… 20
6. 共通義務確認の訴えの審理と判決 …………………………… 29
7. 簡易確定手続申立てと通知公告 ……………………………… 33
8. 個別消費者の授権と簡易確定決定 …………………………… 37
9. 消費者の被害回復と異議後の訴訟 …………………………… 40

第2部　概説・日本版クラスアクション

第1章　日本版クラスアクションの前提

第1節　クラスアクションをめぐる議論 …………………………… 44
　1　日本版クラスアクションが必要な理由 ……………………… 44
　　a.　被害額が少額 ………………………………………………… 44

b. 被害消費者が多数になる ……………………………………………… 45
　　　c. 被害回復を求める権利に気づきにくい ………………………………… 46
　　2　クラスアクションに対する反対論 ……………………………………… 47
　　　a. 財界からの反対論 …………………………………………………… 47
　　　b. 訴訟原則との不適合 ………………………………………………… 48
　　　　（1）　判決効が当事者以外にも及ぶという問題点 ……………………… 48
　　　　（2）　判決効拡張の正当化根拠 ………………………………………… 49
　　　　（3）　クラスアクションの特殊な状況 …………………………………… 49

第2節　諸外国の状況 ………………………………………………………… 50
　1　オプトアウト型のクラスアクション ……………………………………… 50
　　　a. アメリカ型の訴訟要件 ………………………………………………… 51
　　　b. 除外の機会の実質的保障 ……………………………………………… 51
　2　オプトイン型の集合訴訟 ………………………………………………… 52
　3　併用型 …………………………………………………………………… 52
　4　二段階型 ………………………………………………………………… 53
　　　a. ブラジル ……………………………………………………………… 53
　　　b. フランス ……………………………………………………………… 53
　　　c. ギリシャ ……………………………………………………………… 53
　5　利益剥奪訴訟 …………………………………………………………… 54

第3節　消費者裁判手続特例法の立法過程 ………………………………… 55
　1　消費者被害の集団的回復制度導入への議論過程 ……………………… 55
　　　a. 保護される消費者からの転換 ………………………………………… 55
　　　b. 団体訴権への注目 …………………………………………………… 55
　2　法案への検討過程 ……………………………………………………… 56
　　　a. 国民生活局時代 ……………………………………………………… 56
　　　b. 消費者庁研究会 ……………………………………………………… 57

c. 消費者委員会専門調査会 ……………………………………………… 57
　　　　（1）　一段階目の手続 ……………………………………………… 57
　　　　（2）　二段階目の手続 ……………………………………………… 58
　　　d. 法案化作業 ………………………………………………………… 59

第2章　第一段階～共通義務確認訴訟

第1節　訴訟要件 …………………………………………………………… 61
1　原告適格 …………………………………………………………………… 61
2　被告適格 …………………………………………………………………… 61
　　a. 原則 ……………………………………………………………………… 61
　　b. 不法行為の場合の例外 ………………………………………………… 62
　　　（1）　債務を履行する事業者 ……………………………………… 62
　　　（2）　勧誘する事業者 ……………………………………………… 62
　　　（3）　勧誘をさせる事業者および勧誘を助長する事業者 ………… 62
3　多数性、共通性、支配性の要件 ………………………………………… 63
　　a. 多数性の要件 …………………………………………………………… 63
　　b. 共通性の要件 …………………………………………………………… 64
　　　（1）　意義 …………………………………………………………… 64
　　　（2）　消費者庁による例示 ………………………………………… 64
　　c. 支配性の要件 …………………………………………………………… 66
　　　（1）　意義 …………………………………………………………… 66
　　　（2）　消費者庁による例示 ………………………………………… 66
　　　（3）　認定判断が困難な場合とは ………………………………… 66
　　　（4）　集団的解決の先例 …………………………………………… 67
　　　（5）　消費者裁判手続特例法への応用 …………………………… 68
　　　（6）　その他の例示について ……………………………………… 69
4　管轄など …………………………………………………………………… 71

a.　事物管轄 …………………………………………………………………… 71
　　　b.　土地管轄 …………………………………………………………………… 71
　　　c.　複数の団体が同一または関連する訴えを提起する場合の調整 …… 72
　　　d.　国際裁判管轄 ……………………………………………………………… 73

第2節　共通義務確認の訴えの訴訟物 …………………………………… 74
　1　対象となる事件 …………………………………………………………… 74
　　　a.　法律の列挙する請求 ……………………………………………………… 74
　　　b.　契約上の債務の履行請求権 ……………………………………………… 74
　　　c.　不当利得に関する請求権 ………………………………………………… 75
　　　d.　債務不履行による損害賠償請求権 ……………………………………… 76
　　　e.　瑕疵担保責任に基づく損害賠償請求権 ………………………………… 76
　　　f.　不法行為に基づく損害賠償請求権 ……………………………………… 77
　2　訴訟物 ……………………………………………………………………… 79
　　　a.　訴訟物に関する基本的な考え方 ………………………………………… 79
　　　b.　共通義務確認の訴えの特殊性 …………………………………………… 79
　　　　（1）　共通義務を「負うべきこと」 ………………………………………… 79
　　　　（2）　複数の共通義務が競合する場合 …………………………………… 80
　　　　（3）　実体法説に基づく訴訟物の構成 …………………………………… 81
　3　訴訟物から決まってくること …………………………………………… 81
　　　a.　判決の対象と既判力の客観的範囲 ……………………………………… 81
　　　b.　管轄集中の解釈 …………………………………………………………… 82
　　　c.　第二段階における対象債権 ……………………………………………… 82

第3節　審理の進行 ……………………………………………………………… 84
　1　事件の認知と対象消費者との関わり …………………………………… 84
　2　訴え提起まで ……………………………………………………………… 84
　　　a.　訴訟代理人となる弁護士の選任 ………………………………………… 85

b. 事実および証拠の収集 ………………………………………… 85
　　　c. 訴状の作成 ……………………………………………………… 86
　　　　(1) 対象消費者 ………………………………………………… 86
　　　　(2) 対象債権 …………………………………………………… 86
　　　　(3) 請求の趣旨 ………………………………………………… 87
　　　　(4) 請求の原因 ………………………………………………… 88
　　3 審理の特色 …………………………………………………………… 90
　　　a. 通常訴訟手続 …………………………………………………… 90
　　　b. 審理の対象 ……………………………………………………… 90
　　　c. 中断・受継 ……………………………………………………… 91
　　　　(1) 特定認定の失効・取消し ………………………………… 91
　　　　(2) 被告事業者の破産 ………………………………………… 91

第4節　和解・取下げ等 …………………………………………………… 92
　　1 判決によらない訴訟の完結 ………………………………………… 92
　　2 訴訟上の和解の可能性 ……………………………………………… 93
　　　a. 共通義務の存否に関する和解 ………………………………… 93
　　　b. 対象消費者に金員を支払う旨の和解 ………………………… 93
　　3 和解と通知義務 ……………………………………………………… 94

第5節　判決とその効力 …………………………………………………… 95
　　1 共通義務確認判決の特徴 …………………………………………… 95
　　　a. 共通義務を「負うべきこと」の意味 ………………………… 95
　　　b. 競合する請求権に対応する共通義務 ………………………… 96
　　　c. 損害額またはその算定方法 …………………………………… 96
　　2 共通義務確認判決の効力 …………………………………………… 97
　　　a. 既判力 …………………………………………………………… 97
　　　b. 既判力の主観的範囲 …………………………………………… 98

目　次

　　3　詐害再審 ··· 98

第6節　複雑訴訟 ·· 98
1　請求の客観的併合 ··· 98
2　複数の特定適格消費者団体による同一事業者に対する提訴 ········ 99
3　個別消費者の権利行使との関係 ·· 100

第7節　仮差押え ·· 100
1　仮差押えを認める意義 ··· 100
2　被保全権利 ··· 101
3　仮差押えのその他の要件 ·· 102
　　a.　保全の必要性 ··· 102
　　b.　担保 ·· 102
　　c.　仮差押え対象物の特定 ·· 102
4　本案の起訴命令 ··· 102

第3章　第二段階〜対象債権の確定手続

第1節　簡易確定手続 ··· 104
1　簡易確定手続の開始 ··· 104
　　a.　制度趣旨 ··· 104
　　b.　申立義務 ··· 104
　　c.　申立てに対する裁判 ··· 105
　　d.　申立ての取下げ ·· 105
2　対象消費者への通知・公告 ··· 106
　　a.　申立団体による通知公告と相手方による公表 ················· 106
　　　(1)　通知 ·· 106
　　　(2)　公告 ·· 108

　　　　（3）　相手方による公表 ………………………………………… 108
　　　b.　相手方の情報開示義務 …………………………………………… 109
　　　　（1）　対象消費者の情報開示 ……………………………………… 109
　　　　（2）　情報開示命令 ………………………………………………… 109
　3　授権 …………………………………………………………………………… 110
　　　a.　授権の意義 …………………………………………………………… 110
　　　b.　授権契約の内容 ……………………………………………………… 110
　　　c.　授権契約に関する団体の義務 ……………………………………… 111
　4　簡易確定手続の進行 ………………………………………………………… 112
　　　a.　債権届出 ……………………………………………………………… 112
　　　b.　相手方の認否 ………………………………………………………… 113
　　　c.　認否を争う申出 ……………………………………………………… 113
　　　d.　簡易確定決定 ………………………………………………………… 114
　　　e.　異議 …………………………………………………………………… 114
　　　f.　共通義務確認訴訟の再審による判決取消と簡易確定手続 ……… 115
　　　g.　簡易確定手続中の和解 ……………………………………………… 115
　5　簡易確定手続中の破産手続開始決定 ……………………………………… 115
　　　a.　相手方の破産 ………………………………………………………… 115
　　　b.　特定適格消費者団体の破産 ………………………………………… 118
　　　c.　授権した消費者の破産 ……………………………………………… 118
　6　簡易確定手続への民事訴訟法の準用 ……………………………………… 119

第 2 節　異議後の訴訟 …………………………………………………… 121
　1　訴え提起 ……………………………………………………………………… 121
　　　a.　訴え提起の擬制 ……………………………………………………… 121
　　　b.　異議後の訴訟の当事者および審判の範囲 ………………………… 121
　　　　（1）　簡易確定決定が対象債権の請求を棄却する内容であった
　　　　　　　場合 …………………………………………………………… 121

（2）　簡易確定決定が対象債権の請求を認容する内容であった
　　　　場合 ………………………………………………………………… 122
　　（3）　簡易確定決定が対象債権の一部認容・一部棄却決定で
　　　　あった場合 ………………………………………………………… 122
　2　対象消費者の授権 ……………………………………………………… 123
　　a．2つの授権 ……………………………………………………………… 123
　　b．授権を欠くとき ………………………………………………………… 124
　3　異議後の訴訟の特則 …………………………………………………… 125

第3節　消費者による実際の被害回復 ……………………………… 126
　1　被害回復関係業務としての強制執行 ………………………………… 126
　2　検討すべき問題 ………………………………………………………… 127
　　a．第三者の執行担当 …………………………………………………… 127
　　b．届出消費者による授権の要否 ……………………………………… 127
　　c．執行文 ………………………………………………………………… 128
　　d．弁済受領権限および和解権限 ……………………………………… 128
　3　分配手続 ………………………………………………………………… 129
　　a．原則 …………………………………………………………………… 129
　　b．分配までの預り金 …………………………………………………… 129
　　c．分配すべき金銭が届出債権の全額に足りない場合の処理 ……… 130

第4章　特定適格消費者団体

第1節　特定適格消費者団体の認定 ………………………………… 132
　1　特定認定 ………………………………………………………………… 132
　　a．特定認定制度の趣旨 ………………………………………………… 132
　　b．特定認定要件 ………………………………………………………… 133
　2　認定の申請手続 ………………………………………………………… 133

　　　　a.　書面申請 ………………………………………………………… 133
　　　　b.　申請後の手続 …………………………………………………… 133
　　　　c.　特定認定の有効期間および更新 ……………………………… 134
　　　　d.　特定認定の失効 ………………………………………………… 134
　　3　合併および事業譲渡 …………………………………………………… 135

第2節　被害回復関係業務等に対する規制 ……………………… 135
　　1　特定適格消費者団体の行動規範 ……………………………………… 135
　　　　a.　責務 ……………………………………………………………… 135
　　　　（1）「不当な目的でみだりに」と濫訴防止 …………………… 135
　　　　（2）　訴え提起が不法行為となる場合 ………………………… 136
　　　　b.　弁護士に訴訟追行させる義務 ………………………………… 137
　　2　財政管理 ………………………………………………………………… 137
　　　　a. 経理的基礎 ……………………………………………………… 137
　　　　b.　報酬を受ける可能性 …………………………………………… 138
　　　　c.　財産的利益の受領禁止 ………………………………………… 139
　　　　（1）　対象債権確定手続の各段階において、対象消費者の債権
　　　　　　　回収に充てるべき金員を、その手続の結果として受領する
　　　　　　　こと ………………………………………………………… 139
　　　　（2）　訴訟費用の負担を命じられた相手方から、その費用相当
　　　　　　　額の償還を受けること …………………………………… 139
　　　　（3）　被害回復裁判手続における判決に基づく民事執行費用 …… 140
　　　　d.　区分経理義務 …………………………………………………… 140
　　3　特定適格消費者団体相互の連携 ……………………………………… 141
　　　　a.　特定適格消費者団体の通知報告義務 ………………………… 141
　　　　b.　その他の連携 …………………………………………………… 142
　　4　情報管理義務 …………………………………………………………… 143
　　　　a.　個人情報管理義務 ……………………………………………… 143

目　次

　　　　　(1)　消費者の個人情報保管・利用の目的 ……………………… 143
　　　　　(2)　消費者の個人情報の第三者利用 …………………………… 143
　　　　　(3)　消費者の個人情報の適正管理義務 ………………………… 144
　　　b.　秘密保持義務 ………………………………………………………… 145
　　　c.　氏名等明示義務 ……………………………………………………… 145
　　　d.　情報提供努力義務 …………………………………………………… 145

第3節　行政監督 ……………………………………………………………… 147
1　行政命令および認定の取消し ……………………………………… 147
　　　a.　適合命令および改善命令 …………………………………………… 147
　　　b.　特定認定の取消し等 ………………………………………………… 148
2　被害回復裁判手続の承継 …………………………………………… 149

第4節　その他 ………………………………………………………………… 150
1　協力 ………………………………………………………………………… 150
2　罰則 ………………………………………………………………………… 151
　　　a.　刑罰規定 ……………………………………………………………… 151
　　　　　(1)　贈収賄 ……………………………………………………………… 151
　　　　　(2)　虚偽認定申請 …………………………………………………… 152
　　　　　(3)　秘密漏示 ………………………………………………………… 152
　　　　　(4)　申請書類虚偽記載 ……………………………………………… 152
　　　　　(5)　特定適格消費者団体との誤認惹起行為 …………………… 152
　　　　　(6)　両罰規定 ………………………………………………………… 152
　　　b.　行政罰 ………………………………………………………………… 152
　　　　　(1)　100万円以下の過料（法97条）………………………………… 152
　　　　　(2)　50万円以下の過料（法98条）………………………………… 153
　　　　　(3)　30万円以下の過料（法99条）………………………………… 153
3　附則事項 ………………………………………………………………… 154

付録 消費者の財産的被害の集団的な回復のための民事の裁判手続の特例に関する法律 …………………………………………………………… 156

❖ 参考文献

消費者庁消費者制度課編『一問一答消費者裁判手続特例法』(商事法務・2014)

　　本書は立法担当者の解説であり、本書においては「消費者庁・一問一答○頁Q△」として引用する。

第一東京弁護士会全期旬和会編著『Q＆A新しい集団訴訟』(日本加除出版・2014)

TMI総合法律事務所編・高山崇彦編著『Q＆A消費者裁判手続特例法・消費者契約法』(金融財政事情研究会・2014)

千葉恵美子・長谷部由起子・鈴木将文編『集団的消費者利益の実現と法の役割』(商事法務・2014)

大高友一・三木俊博・櫛田博之・鈴木敦士・二之宮義人・小田典靖・林秀弥「特集1・集団的消費者被害救済制度」現代消費者法23号(2014)　4頁以下

町村泰貴・鹿野菜穂子・小田典靖・井口尚志「[特別企画]日本版クラスアクションとは何か」法学セミナー2014年5月号34頁以下

加納克利・松田知丈「集団的消費者被害回復に係る訴訟制度案について」NBL989号(2012)　16頁以下

山本和彦「集団的消費者被害回復制度の理論的問題」松本恒雄還暦記念『民事法の現代的課題』(商事法務・2012)　85頁以下

京都弁護士会『ギリシャ・フランスにおける集団的消費者被害回復訴訟制度の運用状況に関する調査報告書』(2014)

❖ 参照法令

　　本文に括弧書きで引用する場合は、以下の括弧内に示した略称を用いる。

会社法

行政事件訴訟法(行訴法)

個人情報の保護に関する法律(個人情報保護法)

消費者基本法

消費者契約法

消費者の財産的被害の集団的な回復のための民事の裁判手続の特例に関する法律(消費者裁判手続特例法)または単に(法)

信託法

製造物責任法

特定商取引に関する法律（特定商取法）

破産法

不当景品類及び不当表示防止法（景表法）

民事執行法（民執法）

民事訴訟法（民訴法）

民事保全法（民保法）

民法

第1部

シミュレーション

集団的消費者被害回復裁判手続の進行

第1部　シミュレーション　集団的消費者被害回復裁判手続の進行

1. 訪問販売でトラブル発生

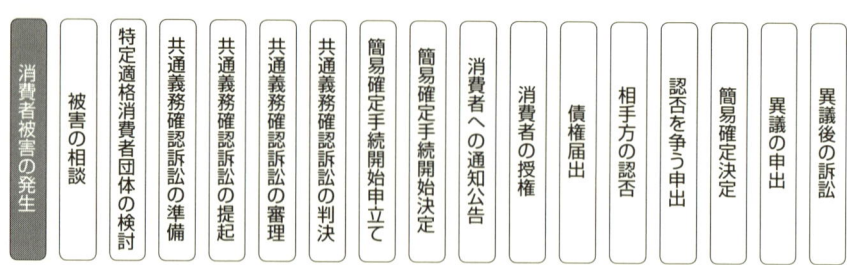

消費者被害の発生 / 被害の相談 / 特定適格消費者団体の検討 / 共通義務確認訴訟の準備 / 共通義務確認訴訟の提起 / 共通義務確認訴訟の審理 / 共通義務確認訴訟の判決 / 簡易確定手続開始申立て / 簡易確定手続開始決定 / 消費者への通知公告 / 消費者の授権 / 債権届出 / 相手方の認否 / 認否を争う申出 / 簡易確定決定 / 異議の申出 / 異議後の訴訟

　Bさんは食品スーパーで働いており、忙しくてなかなか買い物にでられないのが悩みだった。特に化粧品関係は、テレビのコマーシャルで見るたびにいいなと思うものの、新しいものに手を出す気持ちのゆとりがなかった。

　そんなある日、Bさんは、勤務先の食品スーパーにY会社の化粧品のチラシを置いてほしいと頼みに来たセールスレディAさんと知り合った。

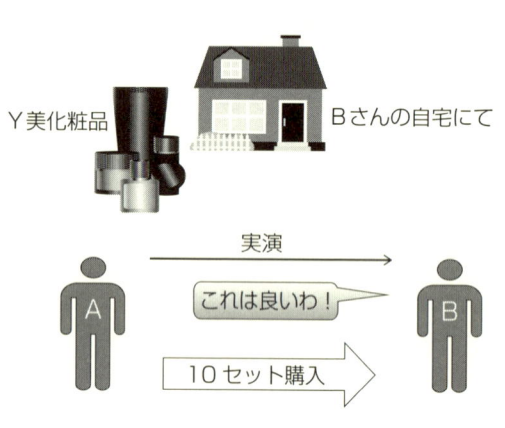

B：私、化粧品に興味あるんですけど、なかなか買いに行けなくて。Aさんの扱っている化粧品はお試しとかできますか？

A：はい、もちろん。特に平成29年、つまり昨年の暮れから新しく売り出した「Y美化粧品」は、まだあまり知られていませんけど、試していただくと皆さん気に入っていただけますよ。

1. 訪問販売でトラブル発生

> Ｂ：今度、お願いしようかしら。
> Ａ：ご都合にあわせて、ご自宅でもお試しいただけますよ。
> Ｂ：そうなの、それじゃあ来週なんかどうかしら。
> Ａ：いいですよ。では２月10日の午後はいかがですか。
> Ｂ：その日は５時過ぎまで仕事ですから、夜８時くらいなら大丈夫です。
> Ａ：分かりました、では８時に伺います。

　こうしてＢさんは、Ａさんに自宅へ来てもらってＹ社の化粧品の実演をしてもらった。自分の肌によく合うと感じたＢさんは、その場でＹ美化粧品10セット20万円分を２割引きの18万円で購入した。

　その後Ｂさんは、職場の同僚ＣさんやＤさんにＡさんからＹ美化粧品を買ったこと、お試しで使ってみてとても良かったことを話した。やはり忙しくて化粧品を買いに行けない悩みを抱えていたＣさんとＤさんは、他の同僚も誘ってＣさん宅での実演販売を行なってもらい、結局５人がそれぞれ10セット程度のＹ美化粧品を購入した。

　さらにＢさんがＰＴＡの集まりでこの話をしたところ、他にも興味を持つ人がいたので、Ａさんの連絡先を教えておいた。あとで聞いたら、Ａさんから10人ほどが同じＹ美化粧品を買ったということだった。

　ところが、ＢさんがＹ美化粧品を使い始めてから10日ほどすると、開封した瓶の化粧品はすっかり固まってしまった。同僚のＣさんとＤさんに聞いてみると、やはり開封したものは１週間くらいで固まって使えなくなったという。

　さらにＣさんは、Ｙ美化粧品を使った部分に発疹ができて、かえって肌が荒れてしまい、医者に見せたら化粧品の質が悪いのではないかと言われたという。

　Ｂさんたちは、Ａさんに電話をしてどういうことか、問い合わせた。

第1部　シミュレーション　集団的消費者被害回復裁判手続の進行

> B：おたくから買ったY美化粧品のことですけど、使い始めてすぐに固まってしまったんですよ。おかしいんじゃないですか？
> A：いえ、そんなはずはありません。Y社の化粧品は品質第一ですから、普通にお使いいただければ、開封してから少なくとも半年は劣化しないはずですわ。
> B：でも、すぐに固まってしまったのは私だけじゃありませんよ。CさんやDさんも同じだと言ってます。みんな短期間で固まってしまうなんて、商品がおかしいとしか考えられません。
> A：もちろん保存状態がひどく悪い場合は、すぐに固まるということも考えられます。長時間日にさらしておくとか、高温の状態で置いておくとかですね。
> B：そんなことはしてません。みんな普通に使って、もちろん蓋も閉めて部屋の中に置いてあります。
> A：それでは固まることは普通ないので、やはり保存状態に問題があったとしか考えられません。

　Bさんは、Aさんに何度か電話をかけたが、埒が明かないまま3月になった。そこで、直接Y社に電話をかけることにした。

> B：おたくのY美化粧品という商品を買ったBといいますけど、開封したら10日で固まって駄目になってしまったのですよ。販売担当のAさんは保存が悪いせいだというのですけど、私も、一緒に買った人も、普通に部屋の中で保存していただけなんです。
> Y社：この度は弊社製品の件で色々とご心配をお掛けしており、申し訳ございません。お客様の件はAより報告が上がってきておりますが、それによれば、保存状態に問題があるため製品が10日ほどで固化してしまったと聞いております。
> B：保存状態に問題ってどういうことでしょう。普通に蓋を閉めて常温

で保管していただけなのに……。
Y社：お客様方の保存の仕方については私どもの方で分かりかねるのですが、通常であれば少なくとも半年は劣化したり固化したりしない商品ですので、それが固化したということは何らかの保存上の問題があるとしか考えられないわけでございます。
B：でも10日で駄目になるなんて、まともな商品とはいえません。返品しますので、お支払いした代金をお返しください。
Y社：申し訳ありませんが、保存に問題があって劣化した場合には、当方で交換や返品には応じられないことになっております。

　このような調子で、Y社の担当者も返品返金を拒むということだった。またCさんの肌荒れについても言ってみたが、原因がY社の化粧品にあるとは明らかでない以上、どうにもできないと、全く相手にされなかった。

ポイント

　訪問販売は、特定商取引法3条から10条までに規定があり、業者名や商品名などを明示し、書面を交付する義務や、不実告知の禁止と取消権、クーリングオフ、過量販売解除権、契約解除による損害賠償義務の制限などが定められ、これに行政庁の監督・指示・処分の権限が規定されています。従って、契約から一定期間内（法定書面を交付された日から8日以内）なら無条件で解約することができます。

　ただし、この例では化粧品を使用してしまっているので、使用や消費によって、価値が著しく減少するおそれがある商品として、特定商取引法26条4項により、開封したものについてはクーリングオフが適用除外となる可能性があります。

　また仮に化粧品ではなく美容用品などであったとしても、Bさんが自宅にセールスレディのAさんを呼んでいます。そのような場合

は消費者が自ら進んで事業者の営業所以外の場所での購入を求めたので不意打ち性はないと考えられ、特定商取引法26条5項により、訪問販売規定の適用が除外される可能性があります。

　なお、BさんたちはY社に苦情を申し入れていますが、消費者基本法5条1項4号には事業者の責任として「消費者との間に生じた苦情を適切かつ迅速に処理するために必要な体制の整備等に努め、当該苦情を適切に処理すること。」と定められており、苦情処理体制を適切に運用することは各事業者の責務です。また、訪問販売に関する事業者団体として公益社団法人日本訪問販売協会があり、そこでも消費者相談室（訪問販売110番）が全国からの電話相談を受け付け、苦情処理のためのあっせん業務も行っています。

2. 相談

消費者被害の発生 → **被害の相談** → 特定適格消費者団体の検討 → 共通義務確認訴訟の準備 → 共通義務確認訴訟の提起 → 共通義務確認訴訟の審理 → 共通義務確認訴訟の判決 → 簡易確定手続開始申立て → 簡易確定手続開始決定 → 消費者への通知公告 → 消費者の授権 → 債権届出 → 相手方の認否 → 認否を争う申出 → 簡易確定決定 → 異議の申出 → 異議後の訴訟

　困ったBさんたちは、地元の消費生活センターに電話してみた。センターの相談員は、Bさんたちが訪問販売で購入したことを聞くと、クーリングオフの可能性を中心に聞き取りをしたが、法律で定められた書面の交付はなされており、その書面、化粧品は使用・消費するとクーリングオフの適用対象外と明記され、またBさんについては自宅に来てもらったということもあり、クーリングオフによる解決は難しそうだった。

【消費生活センターに相談】

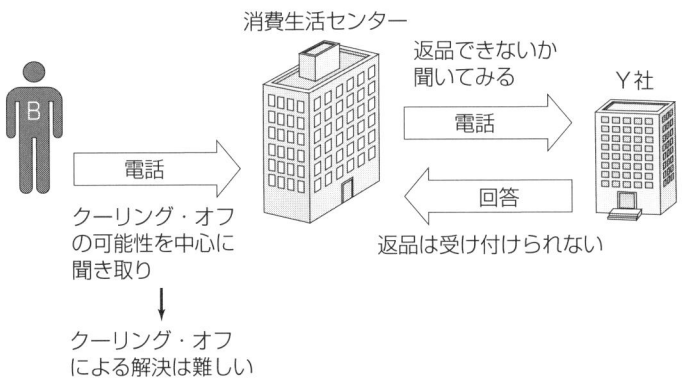

センター：それでは品質が悪いせいでお買いになったY美化粧品がだ

第1部　シミュレーション　集団的消費者被害回復裁判手続の進行

>　　めになったということですので、一度事業者の方にセンターから連絡して、返品できないかを聞いてみましょう。
> B：よろしくお願いします。

　10日ほどしてから、消費生活センターからBさんの自宅に電話があった。やはり品質には問題がないはずなので、返品は受け付けられないという答えだったようだ。

> センター：こうなりますと、私どもセンターの方からあっせんして解決を図るのは難しそうです。あとはBさんたちが個別に交渉するか、ご自分で民事調停や民事訴訟などの法的手段を取ることが考えられます。
> B：自分で訴訟をおこすと言っても、それにはお金がかかりますよね。
> センター：そうですね、ただ訴訟を提起するだけなら、あまり高額の費用は必要ありませんが、弁護士さんに依頼するとなると、それなりにお金がかかってしまいます。

　消費生活センターの相談員は、そこで最近の話題として集団的消費者被害回復制度を紹介した。

> センター：集団的消費者被害回復制度というのは、日本版クラスアクションなどと呼ばれていますが、消費者裁判手続特例法という法律で定められた新制度です。これは特定適格消費者団体という団体が、多くの消費者に共通した契約取引被害について、まず事業者の責任があることを訴訟で確認して、それが確認されたら次に個々の消費者が団体を通じて事業者から被害金額を支払ってもらう手続に進むというものです。
> B：その制度を私達が利用するとしたら、どうなるのでしょうか。

8

センター：Bさんたちが Y 社に対して商品代金を返してもらう権利があるとしますと、特定適格消費者団体が原告となって Y 社を被告とする訴訟を提起し、お買いになった Y 美化粧品の購入者に共通した代金返還義務が Y 社にあることの確認を求めます。裁判所が共通の返還義務が Y 社にあると認める判決を出して、それが確定しますと、原告となった特定適格消費者団体は代金返還債権を持つ消費者に通知して、被害回復のための権限を授与してくれるように求めます。そしてその特定適格消費者団体に授権した消費者の債権をまとめて、Y 社に返還を求めるわけです。

B：つまり、私たちは直接 Y 社に返還を求めて訴訟を起こす必要はないということでしょうか？

センター：そうです。

B：特定適格消費者団体が間に立ってくれるという時に、お金はかかるんでしょうか？

センター：そうですね、最初の共通義務確認の訴えは特定適格消費者団体が自分の負担で起こしますから、Bさんたちにはお金はかかりません。しかし返還義務があると確認された後に、団体を通じてお金を返してもらう段階では、団体に報酬を支払う必要があります。その報酬額は団体ごとに定められているので、一概には言えません。

B：それでは、とりあえず Y 社が代金を返さなければならないことを確認してもらうためにはどうすればいいでしょう？

センター：お近くの特定適格消費者団体に H ネットというのがありますので、その連絡先をご紹介しましょう。

　Bさんは言われたとおり、特定適格消費者団体 H ネットに相談することとした。

> **ポイント**
>
> 　全国の自治体が設けている消費者相談窓口は、消費者トラブルの強い味方として頼りになる存在です。消費者基本法19条には、「地方公共団体は、商品及び役務に関し事業者と消費者との間に生じた苦情が専門的知見に基づいて適切かつ迅速に処理されるようにするため、苦情の処理のあつせん等に努めなければならない。」と規定され、消費者センターや消費生活センターなどの名称で設置された相談窓口では、消費者の苦情に対する情報提供や他機関紹介とならんで、問題解決のために事業者とのあっせんも行うことが予定されています。
>
> 　また、各地の消費生活センターで相談を受け付けると、その結果も含めて全国統一のデータベースに記録されます。このデータベースを PIO-NET（パイオネット）と呼んでおり、消費者トラブルの現状を統計的に見るだけでなく、特定の事業者や特定の取引類型について苦情やトラブルがどれくらい発生しているかを調査し、特に注意すべき内容について注意喚起をすることができます。消費者契約法の定める適格消費者団体は、この PIO-NET の情報も参考にしながら、不当な取引の差止めを求める活動をしています。
>
> 　なお、この例にはありませんが、各自治体の消費生活センターであっせんが成功しなかった場合に、独立行政法人国民生活センターが紛争解決のための仲介を試みることも可能です。

3. 特定適格消費者団体の活動開始

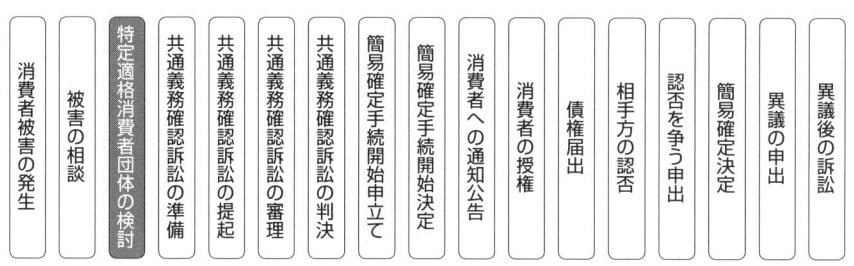

Hネットの相談員Oは、Bさんから電話で相談を受け、面談の日時を平成30年4月3日と約束し、その際Y社の商品を買うときにBさんから渡された書面と、問題のY美化粧品で未開封の分も開封済みの分も持ってくるように言った。

約束の日に、Bさんは、CさんとDさんを連れてHネットの

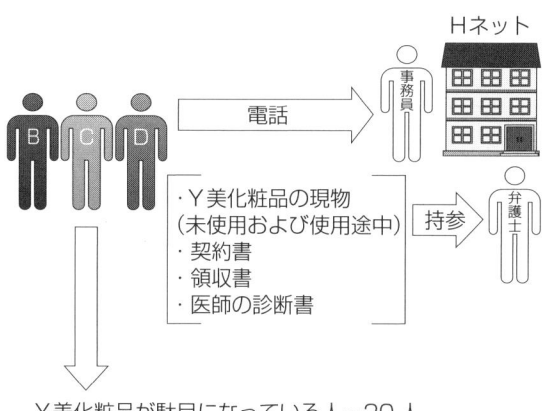

面談室に赴いた。そこでOと担当弁護士Iの2人がBさんたちの話を聞き、問題のY美化粧品の現物や契約書、領収書などを確認した。またCさんは、Y美化粧品を使った後の皮膚の異常を示す写真や診察した医師の診断書も持参した。

I弁護士：これは相当の粗悪品の疑いがあります。品質について一度信頼の置ける調査機関に調べてもらいましょう。その上でY社にも

第1部　シミュレーション　集団的消費者被害回復裁判手続の進行

　　う一度交渉をしてはいかがでしょうか。また、あなた方の他にも同じＹ美化粧品を買った人はどれくらいいるのでしょうか。
Ｃ：職場の同僚で私達を含め、６人はＢさんから同じ化粧品を買っています。それからＰＴＡのお母さんたちも１０人くらいはＢさんからＹ美化粧品を買ったと言っていました。他にもまだいるかもしれませんね。
Ｉ弁護士：その方たちの中で、同じようにＹ美化粧品が駄目になったと言っておられる方々、あるいはＣさんのように発疹が出てしまったという方々はどれくらいおられるでしょう？

　そこでＢさんたちは、Ｉ弁護士の目の前でそれぞれの友達やＰＴＡ関係の知り合いに電話やメールで問い合わせ、同じようにＹ美化粧品が駄目になって困っている人を２０人、肌に異常が出たと言っている人を５人見つけた。
　Ｂさん達が帰ると、Ｉ弁護士は、Ｏと相談し、Ｈネットでこの件を検討するグループを立ち上げることとし、Ｈネットの内部組織である検討委員会でＹ美化粧品検討グループを設置した。そのメンバーはＩ弁護士の他、H_1、H_2、H_3の法律実務家が３人、合計４人で、グループ長にはＩ弁護士がついた。
　Ｙ美化粧品検討グループでは、まずＢさんたちから預かった化粧品のサンプルと、Ｈネット自身で新たに購入した同じＹ美化粧品とを専門検査機関に送り、検査をしてもらった。すると、Ｂさんのサンプルの品質は極めて悪く、常温では保存できないし、外気に触れると直ちに劣化が始まるというものだった。しかしＨネットが購入したものは、同じ商品名「Ｙ美化粧品」にも関わらず、保存できないといった劣悪な品質ではないことが分かった。
　これをもとに、Ｙ美化粧品検討グループで協議を行った。

H_1：これはどういうことかな、Ｂさんたちから預かったサンプルはすべて劣悪な品質だったが、こちらで買ったものは特に劣悪とはいえ

ないようだ。品質にムラがあるのかな。
H₂：商品ごとに違うということだと中々難しいことになりそうだけど、Hネットで買った商品とBさんたちが買った商品とは製造時期が違うということかもしれないよ。
H₃：その辺りはY社に聞いてみないとわからないね。
I弁護士：では質問状を出してみよう。
H₁：ところでY社の化粧品にはトラブルはどれほどあるのかな？
H₂：うちの事務局から消費生活センターを通じて全国消費者被害データベース（PIO-NET）にアクセスして相談事例を探してみたが、結構トラブルはあるようだ。Y社の化粧品に対する苦情は数千件、そのうちBさんが持ってきた問題のY美化粧品でヒットするものだけでも200件くらいある。
H₃：では、個別の救済よりも、消費者裁判手続特例法に基づいてY社に共通義務確認の訴えを提起する価値が十分にあるな。法的には、Bさんたちが買ったY美化粧品に隠れた瑕疵があったとして、民法570条の瑕疵担保責任を追及するということでいいかな。
I弁護士：民法570条だけだと、不特定物に適用があるかどうか議論があるので不安が残るな。それよりも、化粧品としてはあり得ないような品質の悪さなのだから、債務の本旨に従った履行とはいえないとして、債務不履行による損害賠償責任を追及してはどうだろう。
H₁：そうだね、それと問題の商品がすぐに固化してしまう性質のものだったとすると、そのことは重要事項である不利益事実の不告知に当たるだろう。消費者契約法4条1項1号の取消しによる不当利得返還請求も考えられるよ。
H₂：でもどうかな。Y社自身、Bさんたちが訴えるような品質の悪さを知りながら告知しなかったとは考えにくいのだけど、開封して10日も保たないということは知っていたのかな。
I弁護士：とりあえず、考えられる構成はすべて挙げておく必要がある

から、それも含めていこう。

> **ポイント**
>
> 　消費者裁判手続特例法の共通義務確認の訴えを特定適格消費者団体が提起するには、個別の消費者からの授権や依頼は必要なく、団体が独自に必要性を判断して訴え提起を決断するものとされています。しかし実際には、第一段階の訴え提起前にも多数の消費者が共通の被害を受けていることや、被害の内容、被害回復の権利があることの法的構成、そして被害回復の希望を多数の消費者が持っていることなどを確認する必要があり、普通は被害を受けた個別の消費者と接触して証拠となる契約書や商品などの提供を受けて、提訴に至るものと考えられます。
>
> 　もちろん、この段階で多数の対象消費者全てと接触する必要はありません。また多数の消費者が共通の被害を受けていることは、PIO-NETのデータからも確認できます。
>
> 　特定適格消費者団体では、法律や消費者問題の専門家が意見を述べる体制がとられていなければなりません。そこで多くの団体では、この例にあるように、専門家を中心とする検討組織が作られるものと考えられます。そして、特に弁護士などの法律専門家によって、対象消費者の被害回復の権利を法的に基礎づける構成を検討します。
>
> 　この例では、品質の劣る化粧品の代金を返してほしいという権利を、瑕疵担保責任、債務不履行、不当利得の3通りで考えています。どのような事件ならこの手続で集団的に訴訟を起こせるかをめぐっては、詳しく法律で定められており、Hネットでも様々な検討をしていました。この点は、第2部第2章を参照してください。
>
> 　特定適格消費者団体の業務の規律については、第2部第4章を参照してください。

4. 事業者との交渉、提訴の決意

消費者被害の発生 → 被害の相談 → 特定適格消費者団体の検討 → **共通義務確認訴訟の準備** → 共通義務確認訴訟の提起 → 共通義務確認訴訟の審理 → 共通義務確認訴訟の判決 → 簡易確定手続開始申立て → 簡易確定手続開始決定 → 消費者への通知公告 → 消費者の授権 → 債権届出 → 相手方の認否 → 認否を争う申出 → 簡易確定決定 → 異議の申出 → 異議後の訴訟

Hネットでは、I弁護士から事務局を通じてY社に質問状を送付した。これには、Bさんたちが持ってきた化粧品の商品名「Y美化粧品」を特定し、使用開始後すぐに品質が劣化して固まってしまう事例を認識しているかどうか、仮に認識しているとすれば、その商品について回収して返金する考えはないか、またHネット自身が購入した同一名称の「Y美化粧品」とBさんたちが購入した商品とは何らかの違いがあるのか、などの質問が記載されて

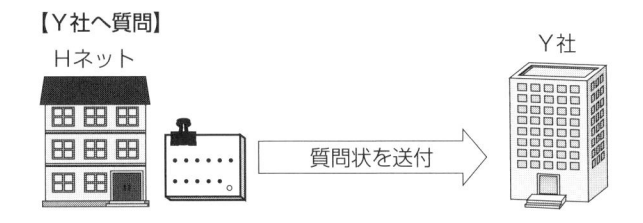

【Y社へ質問】
Hネット → 質問状を送付 → Y社

【質問事項】
・Y美化粧品が開封御すぐに品質が劣化して固まってしまう事例を認識しているか
・認識しているとすれば、その商品について返金する考えはないか
・同一名称の「Y美化粧品」で、Bさんたちが購入したものとHネットが購入したものとでは何らかの違いがあるか

いた。

　これに対するＹ社の回答書は、概ね以下の様なものであった。

　　「お尋ねのＹ美化粧品は、当社が平成29年12月より製造販売を開始した新製品であり、お客様には大変好評を頂いております。

　　当社の商品は、Ｙ美化粧品に限らず、すべて厳重な品質管理の上で販売されております。従って使用後すぐに劣化したり固化したりということはあり得ません。ご使用条件が極端な高温の環境で蓋をすることなく放置するなどの状況でありましたら、可能性として固化することも考えられますが、通常予想される温度のもとであればそのようなことはありません。

　　なお、商品は出荷時期により製造ロットが異なりますので、商品ラベルに記されたロット番号によっていつ製造されたものかを判別することができます。」

　Ｉ弁護士は、以上の検討を踏まえ、再びＢさんたち３人と面談し、調べたことを伝えた。Ｂさんたちは、解約して返金してもらいたいが自分たちで交渉してもダメなので、Ｈネットで交渉と、場合によっては法的手続をとってほしいと述べた。

　Ｉ弁護士は、その依頼に対して、個別交渉や個別訴訟でかかるコスト（手続費用や弁護士費用）を説明した。そして弁護士費用は、標準的には着手金と報酬金を訴訟で求める経済的利益に応じて決めること、Ｂさんたち３人のケースだと、少なくとも返還を求める商品代金の半分くらいの金額になってしまうので、なるべく集団化する必要があること、新しくできた集団的消費者被害回復制度を使えば、まずＨネットの方でＹ社に責任があるかどうかを裁判で確認し、責任があるということになってからＢさんたちの依頼を受けて損害回復を行うことができるが、そのためには同じ被害を受けた消費者が多数存在する必要があると説明した。

　Ｂさんたちは、Ｈネットの会議室を借りると、同じＹ美化粧品を購入して駄目になった20人とその場で電話やメールで相談し、それぞれの知り合

いでY美化粧品による被害を受けている人を探すよう依頼した。そして、1週間後、返金を希望する50人の被害者リストを持って再びHネットを訪れた。

> B：I先生、この人達はすべてY美化粧品が駄目になったのにお金を返してくれないと怒っています。先生がこの間おっしゃっていたように、まずはY社の責任があることを確認する裁判を起こしてくださるよう、お願いします。
> I弁護士：お調べいただき、ありがとうございます。このリストに載っている方々がY美化粧品を買われたのは、いつ頃のことでしょうか？
> C：日時はちょっとはっきりしませんけど、この方々は私がY美化粧品を買ったのと大体同じ頃に買ったとおっしゃっていたので、今年の2月頃だと思います。そして実は同じY美化粧品を買ったけど問題はなかったと言っている方々もおられますが、このリストには載っていません。その方々は、比較的最近、3月半ば頃にお買いになったと聞いています。

また、Cさんは、自分のように肌に異常が出た人が数人いるので、その治療費の支払いも求めたいと希望した。

> I弁護士：Cさん、大変残念ですが、この手続では商品の代金を返してもらう請求しかできないのです。治療費とか、場合によっては精神的損害に対する慰謝料とか、そういう損害賠償は個別に訴えてもらうしかないのです。

Cさんは全く納得できなかったが、法律がそうなっているというので、しぶしぶ諦めた。そして、売買代金だけでも返してもらいたいので、Bさんた

ちと一緒にHネットの訴訟提起を希望した。

> B：それで、Hネットさんに訴えを提起してもらうには、費用はどれほどお支払いする必要があるでしょうか？

Bさんの質問にI弁護士が答えた。

> I弁護士：とりあえず最初の訴訟では、皆さんに費用を出してもらうことはありません。最初にY社が多数の消費者に共通して代金の返還義務を負っているという内容の判決を求めますが、これはHネットが当事者となるものです。従って訴訟にかかる費用はすべてHネットが負担します。この訴訟に勝って共通の義務があることが確認されると、次にBさんたちへの個別の代金返還をY社に求めていくことになります。この段階ではBさんたちから費用と報酬をいただくことになりますが、そのご説明は最初の訴訟で勝ってから、改めて詳しくご説明します。その説明を聞いた上で、依頼されるかどうかを決めていただくことができます。
>
> C：分かりました、では私達は何をしたらよいでしょうか。
>
> I弁護士：お持ちいただいた50人の被害者がお買い求めになったY美化粧品について、ラベルに書いてあるロット番号と、その購入時期を調べていただけるとありがたいです。それから、その50人以外の方々で問題がなかったとおっしゃる購入者にも、ロット番号と購入時期をなるべく詳しくお調べください。そして、できるだけ多くの皆さんの化粧品使用状況、使用時期、固化した時期などを取りまとめて文書にしてください。

4. 事業者との交渉、提訴の決意

> **ポイント**
>
> 　消費者裁判手続特例法は、多数の消費者に共通する義務があることを確認する訴訟の対象事件を厳しく限定しています。Ｃさんのように身体に受けた被害の賠償を求めることは、この制度の対象外にされています。
>
> 　本制度の対象となるかどうかの考え方について、詳しくは第２部第２章第２節を参照してください。
>
> 　そのほか、共通義務が確認されれば多数の消費者の権利がほぼ認められる関係にあることが必要です。被害の存在を個別に審理しなければならない場合は対象から外れるおそれがあります。
>
> 　これらは「訴訟要件」と呼ばれるものです。詳しくは第２部第２章第１節を参照してください。

5. 共通義務確認訴訟の提起

| 消費者被害の発生 | 被害の相談 | 特定適格消費者団体の検討 | 共通義務確認訴訟の準備 | **共通義務確認訴訟の提起** | 共通義務確認訴訟の審理 | 共通義務確認訴訟の判決 | 簡易確定手続開始申立 | 簡易確定手続開始決定 | 消費者への通知公告 | 消費者の授権 | 債権届出 | 相手方の認否 | 認否を争う申出 | 簡易確定決定 | 異議の申出 | 異議後の訴訟 |

　Ｉ弁護士ら検討グループは、Ｙ社を被告として共通義務確認を求める訴状案を作成し、Ｈネットの検討委員会の審議を経て、理事会に提出した。

　Ｂさんたちが集めてきた情報によれば、Ｙ美化粧品という商品のうち、2月末日以前に販売されたものはすぐに固化するなどの問題があり、3月以降に販売されたものは固化しないものも含まれているということであった。Ｂさんたちの追加調査で、問題ある商品のロット番号は実際に固化が明らかになったものについてだけは判明したが、固化する商品すべてのロット番号を特定するには至らなかった。そこで、少なくとも2月までに製造されたＹ美化粧品には瑕疵があるとの推測に基いて、その範囲のＹ美化粧品を購入した者を対象消費者、対象債権はＹ美化粧品購入代金相当額の支払いを求める請求権と定めることとした。

　理事会では、慎重に審議した結果、Ｈネットとして訴えを提起することを決定した。そして訴訟代理人としてＩ弁護士に委任状を作成して交付した。

　これを受けて、Ｉ弁護士は、検討グループのメンバーとともに正式な訴状を作成し、Ｈネットの訴訟代理人としての立場で、共通義務確認訴訟をＨ地方裁判所に提起した。

訴 状

平成 30 年 4 月 25 日

H 地方裁判所民事部　御中

　　　　　　　　　原告訴訟代理人弁護士　　　 I　　㊞

〒000-0000　H 県 H 市 H 町 1-1
　　　　原　　告　特定非営利活動法人 H ネット
　　　　上記代表者　理事　　甲　野　花　子
〒000-0000　H 県 H 市 H 町 1-2
　　　　I 法律事務所（送達場所）
　　　　上記訴訟代理人弁護士　　　I
　　　　　　　　　　　電話　01-1111-2222
　　　　　　　　　　　FAX　01-1111-2222

〒000-0000　Y 県 Y 市 Y 町 1-3
　　　　被　　告　株式会社 Y
　　　　上記代表者代表取締役　　乙　山　次　郎

共通義務確認請求事件
　訴訟物の価額　金 1,600,000 円
　貼用印紙額　金 13,000 円

請求の趣旨
1. 被告は、被告との間で平成 29 年 12 月 1 日から平成 30 年 2 月 28 日までに製造された別紙物件目録記載の化粧品の売買契約を締結し、同契約に基づき売買代金を支払った後に、同契約を解

除若しくは取消しした消費者又はその包括承継人に対し、個々の消費者の事情によりその金銭の支払い請求に理由がない場合を除いて、それぞれの売買代金相当額の不当利得返還義務及びこれに対するそれぞれの売買契約が解除又は取消しされた日の翌日から完済に至るまで年5分の割合による金員の支払義務を負うべきことを確認する

2. 被告は、被告との間で平成29年12月1日から平成30年2月28日までに製造された別紙物件目録記載の化粧品の売買契約を締結し、同契約に基づき売買代金を支払った消費者又はその包括承継人に対し、個々の消費者の事情によりその金銭の支払い請求に理由がない場合を除いて、それぞれの売買代金相当額の瑕疵担保責任による損害賠償義務及びこれに対する請求を受けた日の翌日から完済に至るまで年5分の割合による金員の支払義務を負うべきことを確認する

3. 被告は、被告との間で平成29年12月1日から平成30年2月28日までに製造された別紙物件目録記載の化粧品の売買契約を締結し、同契約に基づき売買代金を支払った消費者又はその包括承継人に対し、個々の消費者の事情によりその金銭の支払い請求に理由がない場合を除いて、それぞれの売買代金相当額の債務不履行による損害賠償義務及びこれに対する請求を受けた日の翌日から完済に至るまで年5分の割合による金員の支払義務を負うべきことを確認する

4. 訴訟費用は被告の負担とする

との判決を求める。

請求の原因
第1 当事者
原告は、平成29年1月7日に内閣総理大臣から消費者裁判手続

特例法第65条第4項に基づき認定を受けた特定適格消費者団体である（甲1）。

被告は化粧品の製造輸入販売等を業とする株式会社である（甲2）。

第2　対象消費者

本件訴えにおける対象消費者は、被告との間で平成29年12月1日から平成30年2月28日までに製造された別紙物件目録記載の化粧品（以下「本件化粧品」という。）の売買契約を締結し、同契約に基づき売買代金を支払った消費者又はその包括承継人（以下これらの者を「本件対象消費者」という。）である。

本件対象消費者の人数は、原告において、少なくとも50人が存在することを確認している（甲3）。

また、本件対象消費者に含まれるべき者として、被告の本件化粧品に関する苦情相談件数は、200件程度存在する（甲4）。

第3　対象債権

本件訴えにおける対象債権は以下のとおりである。

1. 被告との間で平成29年12月1日から平成30年2月28日までに製造された本件化粧品の売買契約を締結し、同契約に基づき売買代金を支払った消費者が、①民法570条の準用する同法566条に基づいて同契約を解除し、②民法541条に基づいて同契約を解除し、③民法96条1項に基づいて同契約を取り消し、又は④消費者契約法4条1項1号に基づいて同契約を取り消すことによって取得する、それぞれの売買代金相当額の不当利得返還請求権、及びこれに対するそれぞれの売買契約が解除又は取消しされた日の翌日から完済に至るまでの年5分の割合による利息請求権。

2. 被告が平成29年12月1日から平成30年2月28日までに製造した本件化粧品を購入した消費者が、民法570条の準用する同法566条に基づいて取得する支払済み代金相当額の損害賠償

請求権、及びこれに対するそれぞれの請求の日の翌日から完済に至るまでの年5分の割合による遅延損害金請求権。
3. 被告が平成29年12月1日から平成30年2月28日までに製造した本件化粧品を購入した消費者が、民法415条に基づいて取得する支払済み代金相当額の損害賠償請求権、及びこれに対するそれぞれの請求の日の翌日から完済に至るまでの年5分の割合による遅延損害金請求権。

第4 共通義務

1．被告による本件化粧品の販売

(1) 被告は、平成29年12月1日から平成30年2月28日までに製造された本件化粧品（商品名「Y美化粧品」）を、販売員等を通じて多数の本件対象消費者に販売した（甲5）。

(2) その際、被告は、多数の本件対象消費者との間で、本件化粧品の売買契約を締結し、同契約に基づき、対象消費者から1セット2万円又はこれより個別に値引きをした額に購入セット数を乗じた額の売買代金を受領した（甲6）。

2．本件商品の品質上の瑕疵

(1) 本件化粧品は、開封した時から概ね10日を経過すると、常温で蓋を閉めた状態で保管していたにもかかわらず、固まってしまい、化粧品としての利用ができなくなるという品質上の瑕疵（以下「本件瑕疵」という。）がある（甲7）。

(2) 本件化粧品は本件瑕疵が存するために開封後数ヶ月程度は使用する化粧品として通常予想される品質を備えておらず、本件瑕疵は、民法570条所定の「隠れた瑕疵」に該当すると評価できる。

(3) また、(a) 本件化粧品の売買契約により生ずる買主たる本件対象消費者の債権は民法401条の種類債権に該当するところ、(b) 本件化粧品は、本件瑕疵が存在することにより、同条1項

所定の中等の性質には達しておらず、(c) したがって本件化粧品の引渡しは同契約上の債務の本旨に従った履行とはいえない。
(4) (a) 本件契約締結に際して販売員は本件商品のこの性質を告げておらず、かえって (b)「少なくとも半年は劣化したり固化したりしない商品」であると告げており、(c) 本件商品の品質につき消費者を欺罔した。
(5) さらに、(a) 本件契約締結に際して販売員が本件商品のこの性質を告げず、かえって (b)「少なくとも半年は劣化したり固化したりしない商品」であると告げたことは、(c) 消費者契約の目的となる物品の質という重要事項に関する不実の告知に当たる。

3. 不当利得返還請求権

(1) 本件化粧品の売買契約を締結し、同契約に基づき売買代金を支払った本件対象消費者のうち、(a) 前記2(2)に基づき、契約の目的を達し得ないことを理由として同契約の解除の意思表示をする者、(b) 前記2(3)に基づき、同契約上の債務の本旨に従った履行がなされていないことを理由として、相当期間を定めて履行を催告した上で、同契約の解除の意思表示をする者、(c) 前記2(4)に基づき、詐欺を理由として同契約の取消しの意思表示をする者、及び (d) 前記2(5)に基づき、不実告知を理由として同契約の取消しの意思表示をする者は、それぞれが支払った売買代金相当額について法律上の原因なく損失を被っている。
(2) 他方、被告は、法律上の原因なく同額の利得を得ている。
(3) そして、被告は、遅くとも本件対象消費者それぞれから契約の解除又は取消しの意思表示を受けたときから、上記利得が法律上の原因のないものであることを知っていた。
(4) よって、被告は、前記(1)の(a)ないし(d)のいずれか

の意思表示をする本件対象消費者に対して、それぞれが支払った売買代金相当額を不当利得として返還するとともに、これに対する本件対象消費者のそれぞれが売買契約を解除又は取消しする日の翌日から完済に至るまで民法所定の年5分の割合による利息を支払うべき共通の義務がある。

4. 瑕疵担保責任としての損害賠償請求権

(1) 本件化粧品の売買契約を締結し、同契約に基づき売買代金を支払った本件対象消費者は、前記2(2)に基づき、民法570条の準用する同法566条により、本件瑕疵のために生じた損害の賠償を求めることができる。

(2) 本件瑕疵のために生じた損害は、本件対象消費者が支払った本件化粧品の売買代金相当額である。

(3) よって、被告は、本件対象消費者に対し、本件化粧品の売買代金相当額を損害賠償として支払うとともに、これに対する請求の日の翌日から完済に至るまで民法所定の年5分の割合による遅延損害金を支払うべき共通の義務がある。

5. 債務不履行責任としての損害賠償請求権

(1) 本件化粧品の売買契約を締結し、同契約に基づき売買代金を支払った本件対象消費者は、前記2(3)に基づき、民法415条により、同契約上の債務の本旨に従った履行がなされていないことによる損害の賠償を求めることができる。

(2) 上記債務不履行による損害は、本件対象消費者が支払った本件化粧品の売買代金相当額である。

(3) よって、被告は、本件対象消費者に対し、本件化粧品の売買代金相当額を損害賠償として支払うとともに、これに対する請求の日の翌日から完済に至るまで民法所定の年5分の割合による遅延損害金を支払うべき共通の義務がある。

第5 結論

> 以上の理由により、被告が本件対象消費者に対して請求の趣旨の各項目に記載した共通義務を負うべきことを確認し、訴訟費用は被告の負担とする旨の判決を求める。
>
> 以上
>
> 証拠方法（略）
> 添付書類（略）
> 別紙物件目録（略）

ここでは、対象債権はY美化粧品売買契約に関する瑕疵担保に基づく損害賠償請求権、債務不履行に基づく損害賠償請求権、および売買契約取消しまたは解除に基づく不当利得返還請求権とし、対象消費者は平成29年12月1日から平成30年2月末日までに製造されたY美化粧品を購入した者と特定した。

また、被害者の損害賠償請求権を保全するための仮差押えの申立ても考えられたが、Y社はそれなりに安定した大きな企業であり、保全の必要性は乏しいので、仮差押えの申立てはしないこととした。

> **ポイント**
>
> 共通義務確認の訴えを提起することは、特定適格消費者団体の理事会が決定しなければならず、他にその決定を委任することはできません。従って専門家で構成される検討委員会が提訴すべきと判断したとしても、理事会がその判断を認めなければ、訴え提起はできません。
>
> また、共通義務確認の訴えの訴訟追行は弁護士に行わせなければならないという条件も法律に規定されています。
>
> これらについて詳しくは、第2部第4章第2節を参照してください。

共通義務確認訴訟は新しく出来たものですので、訴状の書き方など確立されたものがなく、当分は模索が続くものと思われます。また仮差押えも、個別の被保全権利を特定しないで発令するという新しいものです。実務が固まるまでしばらく時間がかかるでしょう。

　訴状について詳しくは 第２部第２章第３節ｃ 、仮差押えについて詳しくは 第２部第２章第７節 を参照してください。

6. 共通義務確認の訴えの審理と判決

消費者被害の発生 → 被害の相談 → 特定適格消費者団体の検討 → 共通義務確認訴訟の準備 → 共通義務確認訴訟の提起 → **共通義務確認訴訟の審理** → **共通義務確認訴訟の判決** → 簡易確定手続開始申立て → 簡易確定手続開始決定 → 消費者への通知公告 → 消費者の授権 → 債権届出 → 相手方の認否 → 認否を争う申出 → 簡易確定決定 → 異議の申出 → 異議後の訴訟

　訴状は平成30年5月31日に被告Y社に送達され、Y社は答弁書で原告の請求の棄却を求めた。

　第一回口頭弁論期日には、訴状と答弁書の陳述が行われた。答弁書では、原告の「Y美化粧品には瑕疵がある」旨の主張を否認し、仮に製品が1週間程度で固化したことがあったとしてもそれは保存状態が悪いためであって製品の瑕疵を根拠付けるものではなく、仮にいくつかの製品に瑕疵があったとしても、それは製品ごとに異なるものであって共通義務確認判決を下したとしても簡易確定手続で適切かつ迅速に判断することはできないと主張した。

　裁判所は、弁論準備手続に付し、3回の期日で双方の主張を整理した。その中で、Y社は裁判所の釈明に応えて、Y美化粧品の製造時期とロット番号との関係を明らかにした。これとHネットに消費者から寄せられた情報と照らし合わせると、品質の悪い製品は平成30年1月10日から2月10日までに製造されたロットに集中していること、その時期のロットは番号により特定することができることが判明した。その上で、証拠調べとしてはY美化粧品のロットごとの品質検査を鑑定により実施することになった。

　裁判所が指定した鑑定人から鑑定書が提出され、証拠調べ期日では、これに対する鑑定人質問が行われた。そこでは、上記の期間中に製造された製品に化粧品に通常期待される耐久性が欠けており、開封すれば保存状態に関係なく1週間から10日ほどで固化することが明らかにされた。また、この耐

久性のなさは製品の成分自体に起因するものであり、同一ロット番号の製品にはすべて耐久性が欠けるという問題が存在することも明らかにされた。

この証拠調べの結果に基いて、裁判所は和解期日を指定し、双方に和解を勧告した。Y社は、鑑定結果に必ずしも納得していないので、再鑑定を申し出るとの意向を示し、他方Hネットも、鑑定で明らかにされたロット以外の製品にも欠陥がある可能性があることから、それらを含めた代金返還義務の確認を求めて、結局両者の話し合いはまとまらなかった。

そこで裁判所は、これ以上の審理を重ねても新たな事実が明らかになることはないと判断し、判決言渡し期日を指定した。

判決は、以下のような主文であった。

> 1 被告は、被告の製造販売にかかるY美化粧品のうち、別紙目録記載のロット番号が記された製品の売買契約を締結し、同契約に基づき売買代金を支払った後に、同契約を解除若しくは取消しした消費者又はその包括承継人に対し、個々の消費者の事情によりその金銭の支払い請求に理由がない場合を除いて、それぞれの売買代金相当額の不当利得返還義務及びこれに対するそれぞれの売買契約が解除又は取消しされたの日の翌日から完済に至るまで年5分の割合による金員の支払義務があることを確認する。
> 2 被告は、被告の製造販売にかかるY美化粧品のうち、別紙目録記載のロット番号が記された製品の売買契約を締結し、同契約に基づき売買代金を支払った消費者又はその包括承継人に対し、個々の消費者の事情によりその金銭の支払い請求に理由がない場合を除いて、それぞれの売買代金相当額の瑕疵担保責任による損害賠償義務及びこれに対する請求を受けた日の翌日から完済に至るまで年5分の割合による金員の支払義務があることを確認する。

3 　被告は、被告の製造販売にかかるY美化粧品のうち、別紙目録記載のロット番号が記された製品の売買契約を締結し、同契約に基づき売買代金を支払った消費者又はその包括承継人に対し、個々の消費者の事情によりその金銭の支払い請求に理由がない場合を除いて、それぞれの購入代金相当額の債務不履行による損害賠償義務及びこれに対する請求を受けた日の翌日から完済に至るまで年5分の割合による金員の支払義務があることを確認する。
4 　原告のその余の請求を棄却する。
5 　訴訟費用は被告の負担とする。

　この判決が送達されたY社は控訴せず、また原告Hネットも控訴しなかったので、判決の送達から2週間の経過をもって確定した。

ポイント

　共通義務確認の訴えは、通常の訴訟手続として行われますので、手続の進行は一般の民事訴訟と変わりません。また団体と事業者との間での和解の可能性も法律に定められており、実際にも多くは和解により解決するのではないかと考えられています。このシミュレーションの事例でも、化粧品の瑕疵とその範囲に争いがなくなれば、共通義務の存在を認める内容の和解が成立することが考えられます。和解について詳しくは 第2部第2章第4節 を参照してください。
　この例では、化粧品の品質が悪いということを理由に代金相当額の損害賠償支払いの共通義務があることの確認を求めています。化粧品の品質が悪いというだけでは、個別の製品ごとに確認しなければならず、簡易確定手続でその点を確認するのは迅速な確定を妨げるおそれがあるので、法律では訴え却下となると定められています。これは支配性の要件と呼ばれます。被告は当初、その点を主張して

いました。しかし審理の中で、欠陥ある製品が番号で特定できたので、その番号のついた製品を購入した消費者という形で機械的に判断できるようになりました。ただし、特定の範囲の製品に欠陥があることは原告側が証明責任を負うので、被告事業者が自ら認めていない場合に原告団体がその立証に成功するのは困難な場合が予想されます。

　支配性の要件について詳しくは、第２部第２章第１節3cを参照してください。

7. 簡易確定手続申立てと通知公告

消費者被害の発生 → 被害の相談 → 特定適格消費者団体の検討 → 共通義務確認訴訟の準備 → 共通義務確認訴訟の提起 → 共通義務確認訴訟の審理 → 共通義務確認訴訟の判決 → **簡易確定手続開始申立て** → **簡易確定手続開始決定** → **消費者への通知公告** → 消費者の授権 → 債権届出 → 相手方の認否 → 認否を争う申出 → 簡易確定決定 → 異議の申出 → 異議後の訴訟

　判決確定後、I弁護士らは、第二段階の簡易確定手続の準備に取り掛かった。まずはBさんたちが中心となって集まった20人の購入者に連絡をし、判決の内容を報告するとともに、今後の予定を説明した。

　それと同時に、Hネットは再び理事会を開き、簡易確定手続の開始申立

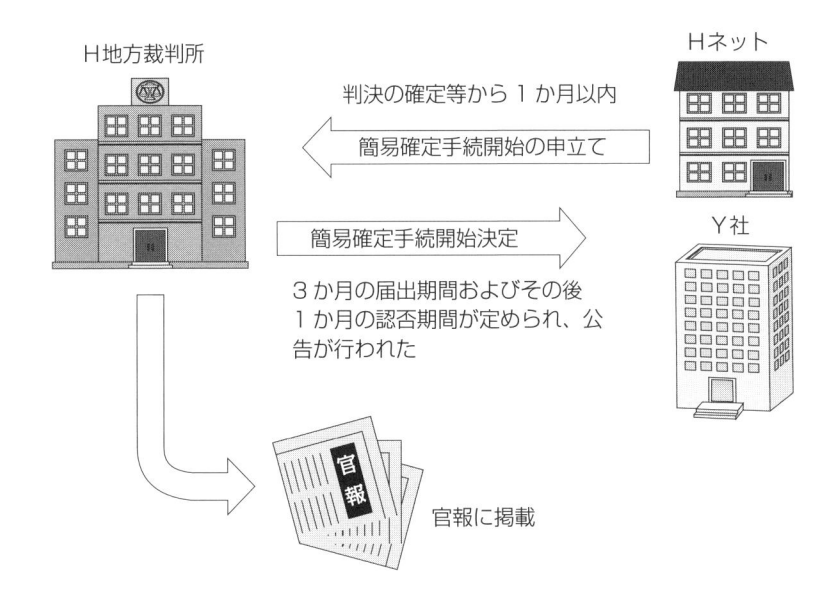

【簡易確定手続開始の申立て】

H地方裁判所　←　判決の確定等から1か月以内　簡易確定手続開始の申立て　← Hネット

簡易確定手続開始決定　→　Y社

3か月の届出期間およびその後1か月の認否期間が定められ、公告が行われた

官報に掲載

33

第1部　シミュレーション　集団的消費者被害回復裁判手続の進行

てをすることを決定した。

　これを受けてI弁護士は、H地方裁判所に簡易確定手続開始を申し立てた。裁判所は直ちに簡易確定手続開始決定を下し、同時処分として3か月の債権届出期間およびその後1か月の認否期間が定められ、以下の項目を記した通知が当事者に対してなされるとともに、公告が行われた。

一　簡易確定手続開始決定の主文
二　対象債権及び対象消費者の範囲
三　簡易確定手続申立団体の名称及び住所
四　届出期間及び認否期間

　この通知を受けたHネットは、Y社に対して、問題の化粧品の購入者リストを開示するよう求めた。

　Y社が提供した購入者リストは訪問販売の顧客2000人のリストであり、問題のロット番号に対応する製品を購入した顧客かどうかは分からなかった。また訪問販売以外の店舗販売で購入した顧客はリスト化されていなかった。

　そこで、I弁護士たちは、とりあえず顧客リストに記された連絡先住所に手紙を送り、問題の化粧品のロット番号を示し、その購入の有無と品質が劣る状態に当てはまるかどうかを尋ね、仮にそうなら返品返金が可能となるので、簡易確定手続の追行をHネットに授権するよう申し出て欲しいという旨と、以下の内容を記した文書をもって通知した。

一　被害回復裁判手続の概要及び事案の内容
二　共通義務確認訴訟の確定判決の内容
三　対象債権及び対象消費者の範囲
四　簡易確定手続申立団体の名称及び住所
五　簡易確定手続申立団体が支払を受ける報酬又は費用がある場合には、その額又は算定方法、支払方法その他必要な事項

> 六　対象消費者が簡易確定手続申立団体に対して第31条第1項の授権をする方法及び期間
> 七　その他内閣府令で定める事項

　また、インターネットのウェブサイトに、共通義務確認判決が指定したロット番号のＹ美化粧品を購入した人は、返品返金のためのＨネットに授権するよう申し出て欲しいという趣旨と、上記の項目を記した公告を掲載し、あわせてマスコミに情報提供して報道するよう依頼した。
　これらに加え、Ｙ社に対し、インターネットのウェブサイトと販売店舗の見やすい場所に、同様の文書を掲載するよう求めた。これにはＹ社も従

【通知・公告】

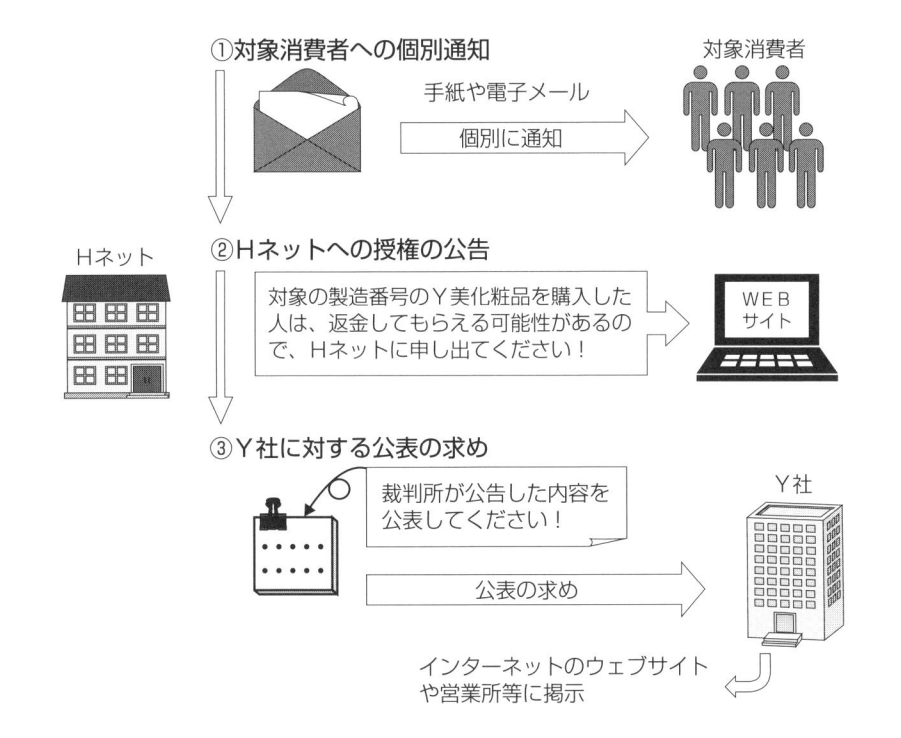

①対象消費者への個別通知
　手紙や電子メール
　個別に通知
　→対象消費者

②Ｈネットへの授権の公告
　対象の製造番号のＹ美化粧品を購入した人は、返金してもらえる可能性があるので、Ｈネットに申し出てください！
　→ＷＥＢサイト

③Ｙ社に対する公表の求め
　裁判所が公告した内容を公表してください！
　公表の求め　→Ｙ社
　インターネットのウェブサイトや営業所等に掲示

第1部　シミュレーション　集団的消費者被害回復裁判手続の進行

い、ウェブサイト上への掲載は直ちに実施された。

　なお、Hネットの検討グループでは、Y社による顧客名簿の提供が不十分ではないかと議論になり、情報開示命令の申立てをするかどうかも検討された。しかし、結局これ以上の情報がないということも十分考えられるということになり、申立てはしないこととなった。

> **ポイント**
>
> 　共通義務確認判決が確定すると、その判決を得た団体は個々の消費者が代金相当額の支払いを得られるように、第二段階の手続を開始しなければなりません。具体的には裁判所に簡易確定手続の開始申立てをして、連絡先がわかっている対象消費者には個別通知をする必要がありますし、それ以外の対象消費者が手続に参加できるように、公告をします。
>
> 　対象消費者の連絡先情報は、相手方事業者が持っていることも多いので、事業者にその情報を提供するよう求め、任意に提供しなければ裁判所の命令を得て強制することができます。
>
> 　このようにして被害回復を希望する対象消費者と連絡がつくと、開始決定で指定された期間内にそれらの対象消費者と授権契約を結び、裁判所に債権届出をしなければなりません。
>
> 　これらの手続について詳しくは、第2部第3章第1節2、3を参照してください。

8. 個別消費者の授権と簡易確定決定

消費者被害の発生 → 被害の相談 → 特定適格消費者団体の検討 → 共通義務確認訴訟の準備 → 共通義務確認訴訟の提起 → 共通義務確認訴訟の審理 → 共通義務確認訴訟の判決 → 簡易確定手続開始申立て → 簡易確定手続開始決定 → 消費者への通知公告 → **消費者の授権** → **債権届出** → **相手方の認否** → **認否を争う申出** → **簡易確定決定** → 異議の申出 → 異議後の訴訟

やがて、Y美化粧品を購入したという人々から次々と申し出があり、およそ300人に至った。もっとも、申出内容を精査すると、Y社の化粧品の購入は確かでもY美化粧品ではないという人や、化粧品自体には問題がなく、化粧品が肌に合わないという苦情を唱えている人などが多数含まれてい

【授権・債権届出】

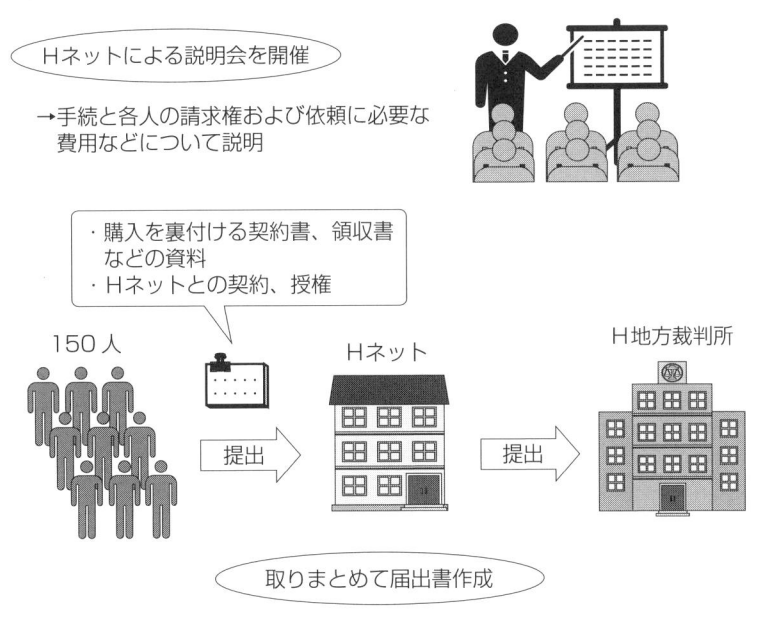

Hネットによる説明会を開催
→手続と各人の請求権および依頼に必要な費用などについて説明

・購入を裏付ける契約書、領収書などの資料
・Hネットとの契約、授権

150人 → (提出) → Hネット → (提出) → H地方裁判所

取りまとめて届出書作成

37

た。それらを除き、判決が特定したロット番号のY美化粧品を購入したという人は150人であった。

これらの150人の対象消費者は、簡易確定手続に進むことが予定されているので、Hネットは説明会を開催した。そこでは、この集団的消費者被害回復のための手続の概要から今後の見通しまでを記載した文書を配布して、手続と各人の権利および授権に必要な報酬などの費用について説明を行った。その上で、参加者一人ひとりから、本人確認のための書類や化粧品購入を裏付ける領収書などの資料とともに、Hネットへの授権書の提出を受けた。

説明会に出席できなかった対象消費者には、説明会資料と授権書を郵送し、署名・押印された授権書と必要な資料の返送を受けた。

Hネット事務局では、これらの資料・授権書を取りまとめて、裁判所に提出する届出書を作成した。この届出書には以下の事項が記載された。

> 一　対象債権について債権届出をする簡易確定手続申立団体、相手方及び届出消費者並びにこれらの法定代理人
> 二　請求の趣旨及び原因
> 三　前二号に掲げるもののほか、最高裁判所規則で定める事項

この書面を裁判所に提出し、債権届出がなされた。

これを受けて裁判所は、債権届出書を相手方Y社に送達した。また裁判所書記官は、届出消費者表を作成した。

Y社は、各債権のうち訪問販売などでY社から購入したことがY社の名簿で認められる消費者50人については債権を認めるとしたが、その他の消費者100人については認めないと回答した。これを受けて裁判所書記官は、届出消費者表にY化粧品の認否として50人について「認める」、100人について「認めない」旨を記載した。これはHネットに通知され、Hネットはこのうち「認めない」とされた部分についての認否を争う旨の申出をした。

裁判所は、HネットとY社の双方を審尋し、認めないとされた100人の

消費者に関する領収書、Y美化粧品のロット番号を写した写真、陳述書などの証明書類を見て、そのうち70人の届出債権は認容し、これらについて届出債権支払命令の、また残る30人の届出債権は認めない旨の簡易確定決定を行った。届出債権支払命令には仮執行宣言も付けられていた。

> **ポイント**
>
> 　特定適格消費者団体が対象消費者の債権を裁判所に届け出ると、これに対して事業者が債権の認否をします。事業者が認めた届出債権はその段階で決着しますが、事業者が認めなかった届出債権については債権を届け出た団体が認否を争う申出をして、裁判所の決定を求めます。これが簡易確定決定です。
>
> 　この手続で特定適格消費者団体は、それぞれの段階で定められた短い期間内に多数の対象消費者との契約や意思確認などをしなければならないので、適時の意思決定と手続実施が必要です。あまり規模の大きくない団体の場合、大きな負担となるでしょうし、臨時に人を雇うことも必要になるでしょう。
>
> 　これらの手続について詳しくは、第2部第3章第1節4を参照してください。

第1部　シミュレーション　集団的消費者被害回復裁判手続の進行

9. 消費者の被害回復と異議後の訴訟

消費者被害の発生 → 被害の相談 → 特定適格消費者団体の検討 → 共通義務確認訴訟の準備 → 共通義務確認訴訟の提起 → 共通義務確認訴訟の審理 → 共通義務確認訴訟の判決 → 簡易確定手続開始申立て → 簡易確定手続開始決定 → 消費者への通知公告 → 消費者の授権 → 債権届出 → 相手方の認否 → 認否を争う申出 → 簡易確定決定 → **異議の申出** → **異議後の訴訟**

　この決定書の送達を受けて、Hネットでは、授権した消費者に再度の説明会を開催した。120人は届出債権を認められたが、30人は届出債権が認められなかった。

　届出債権を認容した決定に対してY社は争わなかったので、この部分の簡易確定決定は確定し、確定判決と同一の効力を持つこととなった。これに

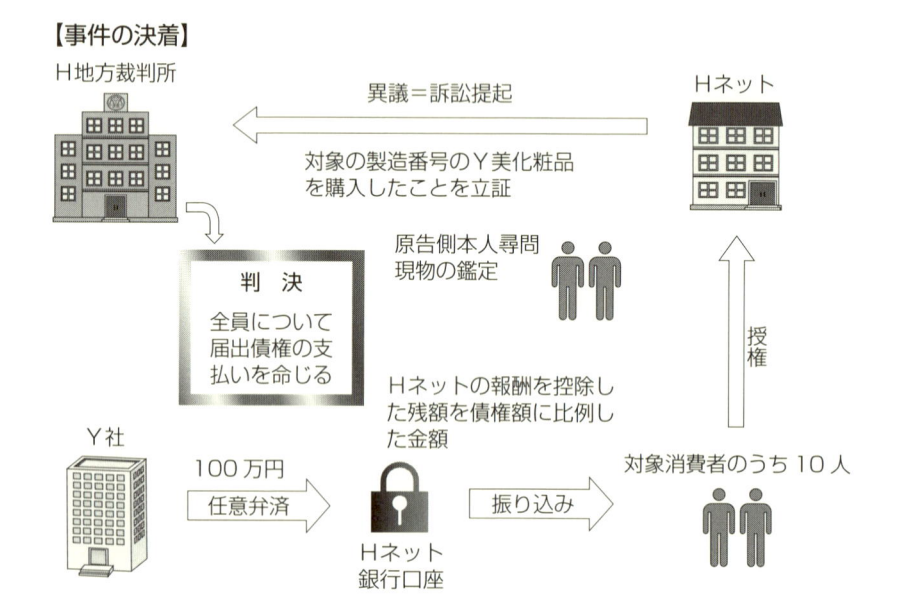

【事件の決着】

H地方裁判所 ←──異議＝訴訟提起── Hネット
　　　　　　　　対象の製造番号のY美化粧品
　　　　　　　　を購入したことを立証

判決
全員について届出債権の支払いを命じる

原告側本人尋問
現物の鑑定

授権

Y社 ──100万円 任意弁済──→ Hネット銀行口座 ──振り込み──→ 対象消費者のうち10人

Hネットの報酬を控除した残額を債権額に比例した金額

40

基づき、Y社は120人の債権総額1500万円をHネットの銀行口座に振り込んで任意弁済した。Hネットは、振り込まれた金銭からHネットの報酬として150万円を控除した残額1350万円を、Bさんたち120人それぞれの債権額に比例して、各自の銀行口座に振り込んだ。

説明会では、届出債権が認められなかった30人に対して、さらに訴えを起こして代金返還を求めるかどうかの意思確認と、訴えを起こす場合はHネットに授権することもできるし、自分ですることもできるという説明を行なった。その結果、10人はHネットに授権して異議の申立てをすることとなり、他の10人は独自に訴えを提起することにし、残る10人は諦めた。

そこでHネットは、10人との間で改めて訴訟授権契約を締結し、訴訟追行の授権を受けた。そしてH地方裁判所に、10人にかかる簡易確定決定に対する異議を申し立てた。また独自に訴えを起こすこととした10人も、それぞれ弁護士を選任し、異議を申し立てた。これらの異議申立てにより、20人に関する債権届出書が訴状とみなされ、Hネットに授権した10人についてはHネットが訴訟担当者としての原告となり、その他の10人はそれぞれが原告となり、Y社に対し代金相当額の支払いを請求する訴訟がH地方裁判所に係属し、併合して審理されることになった。

この異議後の訴訟では、化粧品の現物を検証物として提出し、これに対する鑑定が行われた。また原告側本人尋問も行われた。

審理は10ヵ月ほどで終結し、判決は全員について届出債権の支払いを命じる認容判決であった。

Y社は、控訴することなく第一審判決が確定し、任意に支払うとの申し出がそれぞれの訴訟代理人に寄せられた。Hネットに授権をした10人に関しては、Hネットを窓口として総額300万円の金員がY化粧品から振り込まれた。ここから報酬60万円を控除した240万円が、各消費者に債権額に比例して振り込まれ、事件は決着を迎えた。

> **ポイント**
>
> 　簡易確定決定で債権の存在を認められなかった消費者は、団体または消費者自身が異議申立てをすることで、債権の支払いを求める訴訟を提起したものとみなされます。これも通常訴訟手続ですが、団体が異議を申し立てると、その後の訴訟追行は改めて消費者から授権を受けて団体自身が行うことになります。
>
> 　この例のように異議申立て前に授権契約を結ぶことが望ましいと思われますが、その段階で時間的余裕がなければ、団体が簡易確定決定に対する異議申立てを独自に行い、その後の訴訟追行について対象消費者の授権を得ることも可能と考えられます。
>
> 　なお、相手方事業者が手続の途中で無資力となり、あるいは倒産手続が開始されたりした場合には、この例のように簡単に配分することはできなくなります。
>
> 　異議後の手続について詳しくは第2部第3章第2節および第3節を参照してください。

第2部

概説
日本版クラスアクション

第1章
日本版クラスアクションの前提

第1節　クラスアクションをめぐる議論

1　日本版クラスアクションが必要な理由

　消費者が事業者との取引に関連して損害を被ったという場合、事業者に落ち度があれば、消費者はその損害に見合う金銭を自ら事業者に請求することができる。むしろ、自分の権利は自分で行使するのが原則である。
　もっとも、消費者被害には次のような特徴がある。

a. 被害額が少額

　被害額が少額だということは、例えば、購入した商品が使い物にならず、広告宣伝が虚偽だったから返品したいという場合などに典型的に現れる。もともと一人ひとりの消費者が購入する金額自体がそれほど大きくないので、被害額も少額になる。
　実際、「『消費者被害についての意識調査』について」（平成22年度第1回消費生活ウォッチャー調査）と題する消費者庁の資料（http://www.caa.go.jp/planning/pdf/110722survey.pdf）によれば、消費者被害に当たると認識した取引での支払額は7割以上が30万円以下と答えている。
　もちろん、欠陥自動車による事故で死傷したという場合など、生命身体に被害が生じた場合は高額な損害賠償請求権が発生するので、少額という事情は当てはまらない。また昨今の消費者取引にはクレジットカード決済や消費者信用取引が介在していることも多く、その場合の消費者被害は、現金取引に比べてより高額になることもある。
　ただ、消費者個人にとっては高額に感じられる被害額でも、消費者が自ら

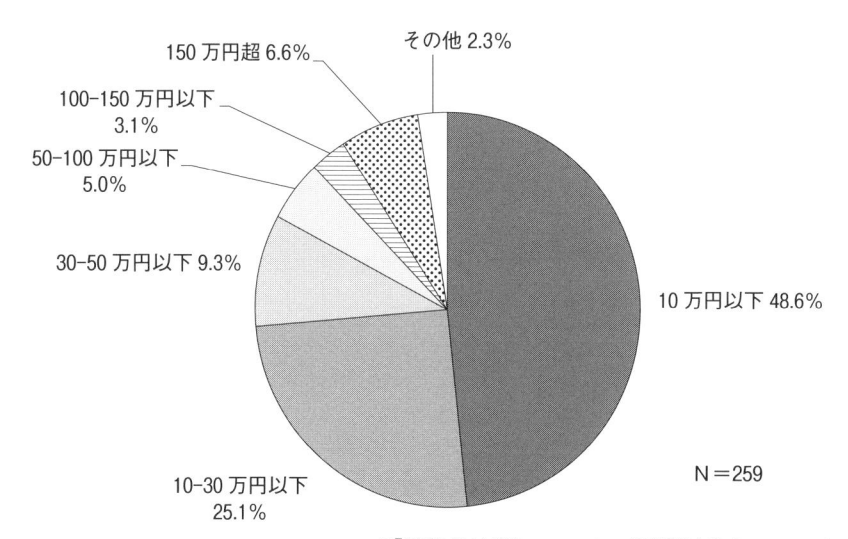

第1章　日本版クラスアクションの前提

その他 2.3%
150万円超 6.6%
100-150万円以下 3.1%
50-100万円以下 5.0%
30-50万円以下 9.3%
10-30万円以下 25.1%
10万円以下 48.6%
N＝259

「『消費者被害についての意識調査』について」
（平成22年度第1回消費生活ウォッチャー調査）7頁より

　弁護士を選任して事業者に賠償を求め、場合によっては民事訴訟を提起するという時にかかるコストと比較すると、やはり少額だ。金額的には数10万円から100万円単位での被害が生じたとしても、弁護士費用は着手金と報酬金とを合わせると標準的に数10万円はかかるし、訴訟で勝訴したとしても事業者が負担してくれるわけではない。これに時間的なコストや労力を勘案すると、個人で訴えを提起するのはペイしないことが多い。

b. 被害消費者が多数になる

　被害消費者が多数になるという特徴は、一人ひとりの消費者の被害額が少額でも、その相手方となる事業者にとっては巨額の利益を得ているということになる。そこで、反社会的な詐欺業者ではなくとも、正当ではない商売を多数の消費者に対して行い、そのうち弁護士や消費生活センターなどを通じてクレームしてきた消費者には解約返金に応じても、大多数の消費者が泣き寝入りすれば、それで十分ペイするということがあり得る。法的に無効な取引でも、個々人のクレームが容易でないことを利用して、不当な利益を保持

するわけである。

こうなると、詐欺とは言えないまでも不当な誇大広告やキャッチセールスなどの販売方法に頼るインセンティブが事業者に生じてしまう。

c. 被害回復を求める権利に気づきにくい

さらに、大多数の消費者は不当な取引で不満を覚えても、それが法的に解約して返金を要求できるものだとはなかなか気が付かない。クーリングオフという言葉こそよく知られるようになったが、解約を認めない契約条項や高額なキャンセル料を定めた条項などがあると、不当だと思いつつも解約を申し出ることはできないのかと考えてしまう。

普通の消費者が消費者契約法や特定商取引法などの規定に通じているわけでもないので、解約して返金を求める権利があるとはそもそも気がつかないことが多い。

「『消費者被害についての意識調査』について」（平成22年度第1回消費生活ウォッチャー調査）によれば、消費者被害を受けたと認識した人の中で消費者相談をしたが、それ以上のことをしなかったと答えた人は39％に上っている。そしてその理由としては、自ら交渉しても被害回復ができるとは思わなかったとする人が43.6％、自分にも責任があると思ったという人も43.6％となっている。

このように被害にあっても気がつかないまま泣き寝入りしているケース、あるいは自分が悪いと思ったり、どうしていいかわからないといって諦めるケースは、事業者が不当な取引方法を用いるインセンティブをますます強めることになる。

消費者被害にはこうした特徴があることから、個別の消費者が事業者と交渉したり訴えを提起したりして、自分で損害を取り戻すという通常のあり方にまかせていたのでは、救済されるべき事例も救済されない。のみならず、事業者の不当収益が保持されてしまうので、不当な取引に手を染める事業者がなくならない。要するに個別救済では不十分なのである。

そこで、集団的に消費者被害を回復するための制度としてかねてから注目

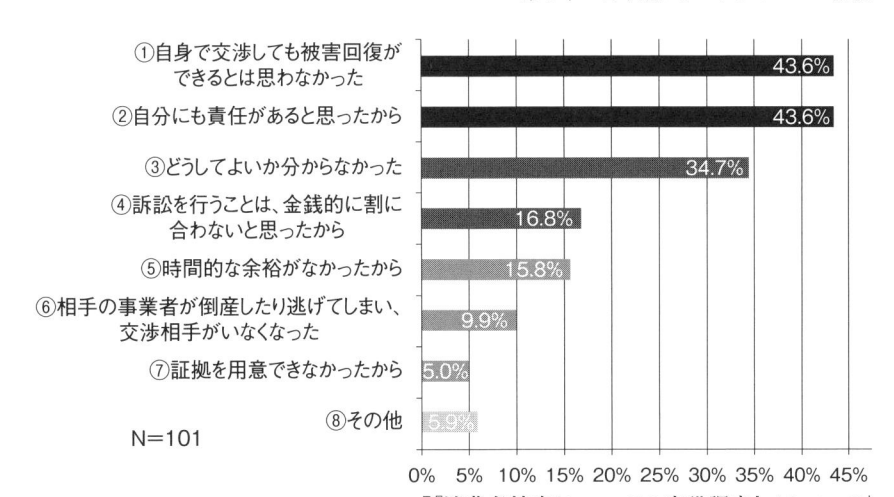

①自身で交渉しても被害回復ができるとは思わなかった　43.6%
②自分にも責任があると思ったから　43.6%
③どうしてよいか分からなかった　34.7%
④訴訟を行うことは、金銭的に割に合わないと思ったから　16.8%
⑤時間的な余裕がなかったから　15.8%
⑥相手の事業者が倒産したり逃げてしまい、交渉相手がいなくなった　9.9%
⑦証拠を用意できなかったから　5.0%
⑧その他　5.9%

N=101

「『消費者被害についての意識調査』について」
（平成22年度第1回消費生活ウォッチャー調査）　10頁より

されてきたのが、アメリカのクラスアクションである。クラスアクションは、消費者被害に限らず、一定のクラスに属する集団の権利全部を、そのクラスの一員が提訴することで実現しようというもので、集団的な権利救済の象徴的な制度として世界的にも注目されていた。

日本でも、昭和40年代から注目されて、クラスアクションの導入試案などが公表されていた。

2　クラスアクションに対する反対論

ところが、クラスアクションに対しては、強い反対論があった。その一つは、アメリカにおけるクラスアクションによって理不尽な扱いを受けたと考えている企業を中心とする財界の反対論である。もう一つは、従来の訴訟原則との関係からの反対論である。

a. 財界からの反対論

広告宣伝や勧誘方法についての法律違反に対して巨額な損害賠償が課されることになると、過剰なサンクションとなり、企業活動に対する萎縮効果を

もたらすというのが、第一の反対論である。

しかしながら巨額な損害賠償のおそれというのは、主としてアメリカでの訴訟制度や法曹制度を前提にしたものであり、必ずしも的を射た反対論ではない。というのも、アメリカでは、①弁護士が大量に存在すること、②純粋な成功報酬制の下で原告となる消費者はリスクを負うことなく訴え提起が可能であること、③広範囲の情報を相手方に開示すべきディスカバリ制度があり、それ自体コストがかかる上、証拠の乏しい訴えでも勝訴の可能性があること、④懲罰賠償制度があり、悪質な場合には実損害を大きく超える賠償が見込まれること、⑤陪審裁判が民事訴訟でも保障されており、事実認定にしても賠償額の決定にしても必ずしも予見可能性がないこと、その結果、⑥不確実性の下で和解に応じるインセンティブが特に被告企業側に働き、⑦それが原告の訴え提起のインセンティブをさらに押し上げていることなど、手続法上の様々な要因がある。これらが合わさって、クラスアクションという制度が「脅威」となったものである。加えて実体法的にも、製造物責任が厳格責任となるなど、被害者救済に傾斜した制度となっている。

クラスアクションが企業活動に萎縮効果をもたらすという反対論は、現在でも根強く存在するし、消費者裁判手続特例法の制定過程でも繰り返し懸念が表明され、それが「濫訴のおそれ」というキーワードに凝縮されて、顧慮されるべき要素として認められるに至っている。しかし、アメリカ特有ともいうべき諸要因を異にしている日本では、もともと現実的な問題ではなかった。なお、訴えを起こされることによる信用毀損、いわゆるレピュテーションリスクについては、確かに考慮されるべきところではある。しかし、その点を重視しすぎるのは、弊害是正は事後的な救済に委ねて規制緩和を進めるという最近の市場経済の考え方の否定につながるものというべきである。

b. 訴訟原則との不適合

(1) 判決効が当事者以外にも及ぶという問題点

他方、従来の訴訟原則との関係では、オプトアウト型のクラスアクションの判決効が問題となる。

すなわち、原告と同じクラスに属するメンバーは、訴訟から除外を申し出ない限り、他人の訴訟追行の結果である判決に有利不利を問わず拘束されるというのがクラスアクションの基本的な構造である。これは、判決効は訴訟の当事者になった者にしか及ばないという日本の民事訴訟の基本的な考え方に真っ向から対立する。

　日本でも判決効が訴訟当事者以外の者にも及ぶ例がないわけではない（人事訴訟や会社訴訟など）。しかし、それは極めて例外的である。そもそも自分が知らないところで自分の権利に関する訴訟が起こされ、そこでの判断に拘束されるということが一般化すれば、憲法が保障しているはずの裁判を受ける権利（憲法32条）の侵害になる。

　さらに、知らないところで受けた判決により財産を失うということになれば、財産権の不可侵（憲法29条）にも反することとなる。

(2)　判決効拡張の正当化根拠

　もっとも、民事訴訟法は、訴訟当事者以外にも判決効が及ぶ場合をいくつか認めている。それらは、訴訟当事者の訴訟追行が、当事者以外の者の手続権を実質的に保障していると評価される場合であったり、判決効を受ける者が自分で訴訟を追行するだけの独自の利益が認められないという場合である。

　民事訴訟法の規定以外にも、会社訴訟や人事訴訟などで第三者に判決の効力が及ぶ対世効を認めている。これらの正当化根拠は、統一した解決の必要があることに加えて、最も利害関係のある者を当事者とすることを制度的に保障し、そのような当事者のした訴訟の結果であるから、第三者にも判決効が及んでもやむを得ないというものである。

　このように、憲法上の裁判を受ける権利や財産権の保障は尊重されなければならないが、それらは絶対の要請ではない。判決効を及ぼす必要性や独自の訴え提起を保障しなければならないかどうか、判決効が及ぶ第三者の地位の重要性などを勘案して、例外を認める余地があるというわけである。

(3)　クラスアクションの特殊な状況

　クラスアクションが前提とする少額多数被害の場合には、「腐った権利」

と称されるように、個別の提訴が事実上不可能だという状況がある。まずはこの点に、判決効の拡張の正当化根拠が求められる。

　他人の訴訟追行による不利な判決効が及んで権利を害されたとしても、もともとその権利は訴訟上行使することが事実上不可能なものであったとすれば、裁判を受ける権利の侵害の程度は結局大きくはない。

　これに加えて、クラスアクションを起こされて勝訴した相手方事業者は、勝訴したことで紛争が一挙に解決できたということに正当な期待がある。これを保護することも必要である。そしてクラスアクションを提起できる原告の能力を審査し、能力不足で敗訴するような訴訟追行主体を排除しておけば、その判決効が第三者に及んでも損害は少ない。クラス原告が不当にクラス構成員の不利になる行為をしないように、コントロールできる手続とすることも、その判決の正当性を高める。このような手続ルールを工夫することで、有利不利を問わない判決効の拡張を正当化することができる。

　このように考えてくると、クラスアクションに対する反対論は決定的なものではなかったということが分かる。しかし、集団的消費者被害回復制度が必要だとしても、アメリカ型のクラスアクションが日本の立法として適切か、他の制度と比較しても最適かということは別の話である。消費者裁判手続特例法の立法過程においては、様々な諸国の立法例が調査研究されてきた。次にこれを紹介しよう。

第2節　諸外国の状況

1　オプトアウト型のクラスアクション

　一定のクラスメンバーが、そこから除外の意思を明らかにしない限り判決効が及ぶという基本的な構造をオプトアウト型のクラスアクションと呼ぶならば、こうした訴訟類型を有しているのはアメリカの連邦民訴規則（合衆国裁判所の下で適用される民事訴訟法）や各州の民事訴訟法、カナダ・オンタリ

オ州、オーストラリア連邦裁判所の民事訴訟法などである。

a. アメリカ型の訴訟要件

このうちアメリカの制度は、クラス構成員の一部の者が原告となり、クラスが多数ですべての構成員を併合することが実際には困難であること（多数性）、クラスに共通する法律上または事実上の問題があること（争点の共通性）、訴訟を追行する代表当事者の請求または防御がクラスの請求または防御の典型をなすものであること（代表の請求の典型性）、そして代表当事者がクラスの利益を公正かつ適切に主張することができると認められる場合（代表の適切性）に、裁判所がクラスアクションとして訴訟追行することを認め、そこで出された判決はクラス構成員のうち除外の申出をしなかった者すべてに有利不利を問わずに及ぶというものである。

b. 除外の機会の実質的保障

オプトアウトの可能性を現実的に保障するためには、クラス構成員全員に対して個別に訴訟提起を通知することを要するが、これは合理的な努力により特定可能な者に限られる。また、和解による解決も考えられ、むしろほとんどの事案が和解により解決されていると言われている。その際の和解条項に裁判所が認可を与える場合にも、クラス構成員への通知と意見陳述や同意の機会を与えなければならないとされている。

日本でも、アメリカのクラスアクションにおける和解に同意するかどうかの決断を求められるという事件があった。それは、グーグル・ブックサーチのための複製を著作権侵害だとして、アメリカの著作権者および出版社がグーグル社に対して訴えを提起したときのことである。その訴訟の途中で原告とグーグルとは、クラス構成員に一定の金銭支払いをするという和解案でまとまりそうになった。このクラスはアメリカ国内で出版された書籍の一定範囲のものが対象となっていたため、日本の著者や出版社のかなり多くのものに和解の効力が及ぶこととなった。そこで、和解に同意するか、それとも除外されるかの意思表示を求められ、日本でも騒ぎとなったのである。グーグル・ブックサーチに関する和解は結局まとまらなかったが、日本の個人でも

クラスアクションを身近なものとして感じる絶好の機会であった。

2　オプトイン型の集合訴訟

オプトイン型とは、参加の意思を表明した者を構成員とするクラスについて、その代表者または第三者が自らの名で訴訟を行う類型をいう。日本法においても、選定当事者という制度（民事訴訟法30条）がある。これは消費者に限った制度ではなく、またクラス構成員の中から訴訟追行をする者が選定されなければならない。

外国法において消費者被害回復を目的としたオプトイン型制度は、ドイツの法的サービス法が消費者団体に個別の消費者の有する請求権を譲り受けて取立てのための訴訟を提起することを認めているもの、フランス法において認可を受けた消費者団体が消費者から書面による委任を受けてその損害賠償請求権を行使できる共同代位訴権、オーストラリアの競争消費者委員会が被害者から書面による同意を得て賠償請求権を行使する制度などがある。

これに対してスウェーデン法では集団訴訟の対象となる請求権を有する者、消費者団体等の団体、消費者オンブズマン等の公的機関の三種類の者が、争点の共通性、代表の適切性、共通争点の支配性、手段としての優位性などに相当する集団訴訟の認可要件を満たした請求を訴求することができるというものがある。この訴訟においては、まず訴えを提起し、その後に一定の期間内にクラス構成員への告知を国費により行い、その期間内に届出をしなかったクラス構成員は、離脱したものとみなされる。

3　併用型

ノルウェー法にも上記のスウェーデンと類似の制度がおかれているが、その中で個別審理が必要な個別争点が存在せず、請求金額が非常に小さく相当多数の者にとって個別訴訟の提起が困難である場合にはオプトインを必要とせず、オプトアウトの意思を表明しなければ判決の効力を受けるものとされている（併用型）。オプトイン型とオプトアウト型とを区別する基準は少額

および多数という点にあるが、その基準が明確になっているわけではない。

4 二段階型

二段階型とは、共通の被害を受けた消費者の権利や事業者の有責性を確認する第一段階と、第一段階で確認されたところを前提に、各消費者への被害回復を実際に行う第二段階とに分かれた手続をいう。日本の消費者裁判手続特例法がこの二段階型に属するが、外国法での二段階型は、ブラジル、フランス、ギリシャなどに規定されている。

a. ブラジル

同種の個別的権利が多数存在している場合に、一定の公的機関または私的団体がその金銭支払義務の確認を求めることができるとされている。この判決の効力は有利にクラス構成員に及び、クラス構成員は各自で判決を援用して損害回復の訴訟を提起する。この個別訴訟が提起されない場合には、クラスの代表者がクラス全体の損害を立証して支払いを求め、認容された金銭は基金化されて消費者被害回復などに用いられる。

b. フランス

またフランスのグループ訴権も同様の二段階型である。フランスのこの制度は、長い間法律の草案段階で止まっていたが、2013年になって議会に法案が提出され、2014年2月に上下両院で修正の上可決され、憲法院の審査を経て同年3月に成立して公布された。

そこでは、認可された全国レベルの消費者団体が、事業者を被告として訴えを提起し、多数の消費者に共通の金銭支払義務があることの確認を求める。その理由は、同一の事業者による契約上の義務違反に起因して消費者が損害を被ったということである。その勝訴判決を得て、第二段階で個々の消費者への支払いを求めるための訴訟を提起できるとするものである。

c. ギリシャ

さらに、ギリシャの消費者団体訴権も、二段階で消費者の損害回復を実現するものである。

消費者団体は、「違法行為によって消費者が被った損害の回復を求める権利の確認」を求めて事業者に対する訴えを提起し、その認容判決が確定すると、損害を受けた消費者が事業者に対して、それぞれの請求を書面により通知する。通知から30日経過後は、請求権の金額が明確な場合は裁判所に支払督促を発付するよう求めることができる。第一段階の確認訴訟が却下または棄却されたとしても、個別の消費者の訴え提起を妨げない。

5　利益剥奪訴訟

　以上のほか、個別の消費者の被害を回復することよりも事業者が得た不当な収益を剥奪することを主目的とする手続が、ドイツ、アメリカなどに見られる。

　アメリカでは、証券取引規制の分野において、証券取引委員会（SEC）が規制違反企業に対して民事制裁金を賦課し、利益吐出し命令を裁判所に請求するという制度がある。公正取引関係でも、公正取引委員会（FTC）が同様に規制違反企業に対して民事制裁金を賦課し、違反行為の差止めとともに利益吐出し命令を裁判所に請求するという制度がある。いずれも利益吐出し命令によって納付された金銭は、それらの違反行為による被害者に分配されることが予定されている。

　ドイツでは、不正競争防止法上の利益剥奪訴訟を消費者団体などが裁判所に提起して、納付を命じられた金員は国庫に帰属するという制度がある。同様の制度はカルテル法にもあり、そこでは行政庁と消費者団体との両方が利益剥奪訴訟の提訴権限を有している。

　次に、日本の消費者裁判手続特例法制定までの過程を振り返ってみよう。

第3節　消費者裁判手続特例法の立法過程

1　消費者被害の集団的回復制度導入への議論過程

a. 保護される消費者からの転換

　日本でもすでに早くからアメリカのクラスアクションが注目を集め、その導入の可否をめぐる議論がなされていたが、今回の立法に関しては、2000年前後からの法状況の変化がある。

　消費者法は、事業者と消費者という私人間の契約・不法行為紛争を対象とするものながら、民事法的な解決よりも行政規制による事前予防が中心であった。ところが、2001年には包括的な民事ルールとしての消費者契約法が施行された。これによって、不当勧誘行為や不当条項に対する民事的救済が本格的に取り入れられた。一方では、割賦販売法や訪問販売法（特定商取引法の前身）、景品表示法などの行政規制立法は強化しつつも、消費者自身も被害回復のための権利行使が行なえるように、事後的な法的手段を消費者法の主要な法目的実現ルートとした。

　この大きな方向付けは、2004年に消費者保護基本法が改正されて法律名も消費者基本法となったことにも象徴的に現れている。そこでは保護対象としての消費者から自立する消費者へと基本的視点が転換され、事前規制中心から事後的な救済をも重視する政策へ変わったのである。

b. 団体訴権への注目

　もっとも少額多数被害という特徴がある以上、消費者自身が法的手段をとるとしても限界がある。そこでは消費者による訴訟等を通じた権利回復や不当な行為の抑止が可能となるような制度枠組みを導入する必要があった。そこで、2002年に閣議決定された司法制度改革推進計画では少額多数被害への対応として「いわゆる団体訴権の導入」が掲げられた。

　これが現実のものとなったのが、2006年の消費者契約法改正による適格

消費者団体の差止請求権創設である。この時点でも単に差止請求権のみを付与することについては問題視されていた。その際の国会の附帯決議では、「消費者被害の救済の実効性を確保するため、適格消費者団体が損害賠償等を請求する制度について、(中略) その必要性等を検討すること」とされていた。同旨の附帯決議は、その後2008年の消費者契約法改正の際にも繰り返されている。

同年の国民生活審議会意見書でも、消費者団体訴訟の損害賠償請求への拡大が検討されるべきであると明記されていた。

相前後して、2007年には国際的にもOECDの理事会が「消費者の紛争解決及び救済に関する勧告」を公表した。その中では、個々の消費者による紛争解決システム利用や消費者保護執行機関の救済策と並んで、消費者が集合的に行使できる紛争解決・救済の仕組みが提供されるべきだとされていた。

さらに2009年には消費者行政の司令塔としての消費者庁および消費者委員会が設置されるに至ったが、その消費者庁及び消費者委員会設置法附則には、消費者庁発足後3年を目途として「加害者の財産の隠匿又は散逸の防止に関する制度を含め多数の消費者に被害を生じさせた者の不当な収益をはく奪し、被害者を救済するための制度について検討を加え、必要な措置を講ずるものとする」と規定されていた。

そこで、これらに基づく立法作業として、消費者裁判手続特例法の制定に向けた本格的な検討が始まったのである。

2　法案への検討過程

a. 国民生活局時代

まずは2008年に、消費者庁発足前の内閣府国民生活局の下で、三木浩一・慶応義塾大学教授を座長とする「集団的消費者被害回復制度等に関する研究会」が組織され、2009年に現状の日本法と外国法の整理を中心とする「報告書」が公表された。

この報告書では、当時の消費者団体訴訟制度 (差止請求)、民事訴訟、刑事

訴訟、行政手続のそれぞれによる消費者被害救済手続を検討し、また諸外国の制度の状況も調査検討し、今後の検討の視点を以下のように提示していた。

まず消費者被害事案としてどのような事例を想定するか、次いで被害回復を目的とするのか違法行為の抑止または不当収益の剥奪を重視するのか、さらに検討されるべき論点、資産保全の要否、そしてどのような消費者像を想定するかという問題も念頭に置く必要があるとしている。

b. 消費者庁研究会

続いて同年に消費者庁の下で、同じく三木教授を座長とする「集団的消費者被害救済制度研究会」が組織され、2010年に「報告書」が公表された。この報告書においては、以下の4案が示され、議論の方向性が整理された。

（A案）オプトイン型二段階型訴訟
（B案）オプトアウト型二段階型訴訟
（C案）オプトアウト型クラスアクション
（D案）選定当事者（民訴法30条）と同様のオプトイン型訴訟担当

c. 消費者委員会専門調査会

これを受けて同年に、今度は消費者委員会の下で、伊藤眞・早稲田大学教授を座長とする「集団的消費者被害救済制度専門調査会」が組織された。

2011年に、基本的に上記A案に基づいて具体的な手続を検討した報告書が公表された。

そこで示された手続の概要は、以下のようなものであった。

(1) 一段階目の手続

① **訴えの提起**

新たな認定を受けた適格消費者団体が、共通争点について確認を求める訴えを提起する。

② **共通争点に関する審理**

裁判所は、共通争点について、原則として、民事訴訟法の規律に従い審理をする。

和解等により訴訟が終了することもあり得る。

③ 判決

裁判所は、共通争点について確認する判決を行う。判決は、二段階目の手続に加入した対象消費者に対しても効力が及ぶこととする。

④ 上訴

判決について、原告および被告は、上訴をすることができる。

(2) 二段階目の手続
① 簡易な手続の開始

一段階目の手続における（一部）認容判決が確定したときは、一段階目の手続の原告であった適格消費者団体（以下「申立団体」という。）が、二段階目の手続開始の申立てをする。

② 手続開始の決定

裁判所は、申立てを受けて、二段階目の手続を開始する決定をする。

二段階目の手続を開始する決定をするときは、同時に対象消費者が有する請求権の届出をすべき期間を定めることとする。

③ 二段階目の手続への加入を促すための通知・公告

申立団体は、二段階目の手続に加入することのできる対象消費者のうち知れたる者に対し、原則として個別通知をし、また、インターネット等を利用するなど相当な方法による公告をすることとする。

④ 二段階目の手続への対象消費者の加入

申立団体は、対象消費者からの授権を受け、裁判所に対し、対象消費者の請求権の届出を行う（以下、この方法により加入した対象消費者を「加入消費者」という。）。

⑤ 簡易な手続の審理

届出内容（加入消費者の有する請求権の存否およびその数額）について、相手方事業者が一定期間内に異議を述べなかったときは、届出内容は確定する。相手方事業者が異議を述べた場合には、申立団体は裁判所に対し、届出内容についての決定を求めることができることとする。

⑥ 簡易な手続における決定

裁判所は、加入消費者の請求権の存否およびその数額について決定をする。

⑦ **異議申立て（異議訴訟提起）**
裁判所の決定に対して不服のある加入消費者は、申立団体に授権をすることにより、または自ら異議を申し立てることができ、不服のある相手方事業者も異議を申し立てることができることとする。

⑧ **訴訟手続における審理・判決**
裁判所は、異議申立てをした加入消費者の請求について、原則として、民事訴訟法の規律に従って審理をし、判決をする。

d. 法案化作業

この報告書に基づき、以後、消費者庁の下で法案化が進められた。その過程では、2011年12月に「集団的消費者被害回復に係る訴訟制度の骨子」が公表された。この骨子では、特に対象事件を以下のように列挙し、これが消費者裁判手続特例法にほぼ受け継がれた。

① 消費者契約（消費者と事業者との間で締結される契約）が不存在若しくは無効又は取消し若しくは解除（クーリングオフを含む。）がされたことに基づく不当利得返還請求権
② 消費者契約に基づく履行請求権
③ 消費者契約の締結又は履行に際してされた事業者（消費者契約の相手方又は相手方になろうとする事業者のほか、勧誘をする事業者、勧誘を行わせる事業者、当該消費者契約の内容を定めた事業者、当該消費者契約の締結について媒介又は代理をする事業者、履行を補助する事業者をいう。）の民法上の不法行為に基づく損害賠償請求権
④ 消費者契約に債務不履行がある場合の損害賠償請求権又は瑕疵担保責任に基づく損害賠償請求権

続いて、2012年8月に、「集団的消費者被害回復に係る訴訟制度案」が公表された。この段階で、それまで「共通争点確認の訴え」とされていた第一段階の訴訟が「共通義務確認の訴え」と改められた。その理由は「消費者紛争における共通争点が多種多様であることを踏まえつつ、相当多数の消費者と事業者との間の法律関係を端的に捉え、判決主文をより簡明なものとする観点から構成し直した」と説明されている。

以上の過程を経て、法案が国会に提出されたのは2013年4月19日であり、参議院選挙後の第185回臨時国会で一部修正の上、可決成立した。

第2章
第一段階　共通義務確認訴訟

第1節　訴訟要件

1　原告適格

　消費者裁判手続特例法が定める第一段階訴訟（共通義務確認の訴え）の原告適格は、特定適格消費者団体に限られている（法3条）。
　この特定適格消費者団体とは、消費者契約法2条4項が定める適格消費者団体のうち、内閣総理大臣が被害回復裁判手続の追行に必要な適格性を有すると認定した団体をいう（法2条10号）。具体的な認定要件は第4章で紹介する。

2　被告適格

a. 原則

　共通義務確認の訴えの被告となりうる資格（被告適格）がある者は、原則として消費者契約の相手方である事業者である（法3条3項1号）。事業者とは、「法人その他の社団又は財団及び事業を行う場合における個人をいう」と定義されている（法2条2号）。
　このことは、法人が事業者の場合に、法人の経営者、代表者、取締役等の個人を被告とすることができないということを意味している。ただし、法人格否認の法理により代表者等が事業者とみなされれば、被告となりうる（消費者庁・一問一答31頁Q23）。さらに、不実告知事例における広告宣伝を行なった者や、不当条項が標準化された契約約款に記載されていた場合の標準約款を作成した業界団体など、あるいは瑕疵担保責任についても直接の契約相

手方ではない欠陥部分の納入者などを被告することもできない。

なお、被告を限定する法3条3項が訴訟要件としての被告適格を定めたものかどうかは、議論の余地がある。

b. 不法行為の場合の例外

ただし、不法行為に基づく損害賠償請求の場合だけは、消費者契約の相手方である事業者に加えて、その債務の履行をする事業者、消費者契約締結の勧誘をし、または勧誘をさせたり助長したりする事業者も被告適格があるとされている（法3条3項2号）。その趣旨は、消費者と直接契約をした事業者に類するものとして、一定の関与をした事業者も対象にしたということである（消費者庁・一問一答32頁Q24）。不法行為の場合のみ拡張している理由は、消費者と直接契約を結んだ関係にない者であっても、その行為により消費者に対して不法行為責任を負うことがあり得るからと考えられる。

これに該当するものとして、以下の場合が定められている。

(1) 債務を履行する事業者

例えば、消費者契約が請負契約である場合における下請事業者が考えられる。

(2) 勧誘する事業者

保険契約における代理店や、不動産取引契約における仲介業者が考えられる。ここでいう勧誘とは、消費者契約法4条が定める「勧誘」と同様に、不特定多数人に向けて広告宣伝をした者は含まれないとされている（消費者庁・一問一答34頁Q25）。

(3) 勧誘をさせる事業者および勧誘を助長する事業者

勧誘をさせる事業者としては、マルチ商法における統括事業者が考えられる。また勧誘を助長する事業者とは、未公開株販売において客観的には財産的価値の乏しい自社株式を、不特定多数の消費者に高額で販売されることを知りながら、販売業者に譲渡した事業者が考えられるとされている。勧誘に必要な物品の供給者は該当するが、一般的な事業資金貸付や商品納入契約を締結した事業者は、その相手方が詐欺商法をしていたとしても、消費者に対

する不法行為責任を負うものではないので、勧誘を助長する事業者には当たらない（消費者庁・一問一答35頁Q24）。

3 多数性、共通性、支配性の要件

法律は、共通義務確認の訴えの定義として、①「相当多数の消費者に生じた財産的被害」であること、②「これらの消費者に共通する事実上及び法律上の原因」に基いていることを要求している（法2条4号）。また、次節でみる対象事件のリストに該当する場合でも③「裁判所は、共通義務確認の訴えに係る請求を認容する判決をしたとしても、事案の性質、当該判決を前提とする簡易確定手続において予想される主張及び立証の内容その他の事情を考慮して、当該簡易確定手続において対象債権の存否及び内容を適切かつ迅速に判断することが困難であると認めるとき」には訴えを却下できると規定している（法3条4項）ので、これに該当しないことが必要となる。

このうち①は多数性の要件、②は共通性の要件、③は支配性の要件と呼ばれ、実質的に共通義務確認の訴えにおける確認の利益を基礎づけるものと位置付けることができる。これらの要件の意味については、共通義務確認の訴えについて確定判決を得ることで、対象消費者と事業者との間の紛争を解決するために有効適切であるといえるかどうかという観点から、柔軟に解釈していくべきである。

以下、分けて解説する。

a. 多数性の要件

法文上、人数を明示した規定はなく「相当多数」とされるのみである。ただし、管轄に関する法6条3項は、対象消費者の数が500人以上と見込まれる場合の特別な競合管轄権を高裁所在地の地方裁判所に認めているので、そのような大規模事件は例外的との位置付けである。そこで、個別の事案の特性に照らして、共通義務確認の訴えにより紛争解決に資する効果が高ければ、比較的少人数でも足りると解すべきである。

消費者庁・一問一答では「一般的な事案では、数十人程度」と記載されて

いる（17頁 Q12）。

　しかし、事案によっては10人程度でも、共通義務確認の確定判決が紛争の抜本的解決に有効適切といいうる場合があるので、本制度の趣旨に照らせば、これも多数性の要件を満たすと解すべきである。例えばマンション建築に瑕疵があるかどうかが争われている事例においては、同一マンション購入者という比較的少人数の対象消費者が想定されるが、損害額が大きく、また瑕疵の存否に基づく損害賠償義務の有無が確定されればすべての対象消費者と事業者との間の紛争が解決に向かうと考えられ、共通義務確認の確定判決が紛争解決に有効適切といいうる。こうした場合は比較的少数であっても、多数性の要件を満たすものと解すべきである。

b. 共通性の要件
(1) 意義

　共通性の要件については「個々の消費者の事業者に対する請求を基礎付ける事実関係がその主要部分において共通であり、かつ、その基本的な法的根拠が共通であるということ」と説明されている（消費者庁・一問一答18頁 Q13）。

　事実関係の主要部分が共通であるとは、同一事業者との同一内容の消費者契約に関して、契約の無効・取消をもたらす原因事実や不履行、瑕疵、不法行為と評価される事実などが共通していることを意味する。

　これに対して個々の消費者が支払いを求める金銭の額は、必ずしも同一である必要はない。

　例えば本書第1部のシミュレーションを例にすると、不良品である化粧品の代金返還請求について、個々の消費者が返還を求める額はそれぞれの購入額によって異なる。従って、共通義務確認の訴えにおいては代金返還請求権を基礎付ける事実のうち購入した個数と額を除く部分が共通で、その部分を確定できれば、簡易確定手続において個々の消費者の購入数と金額を明らかにするだけで足りる。

(2) 消費者庁による例示

消費者庁・一問一答18頁Q13は、この共通性に4つの例を示している。
(i) 学納金の返還を不当利得返還請求権として求める場合は、「在学契約を締結して授業料等を納付した者が、入学年度が始まる前に入学を辞退し、当該在学契約を解除したこと」という点で請求を基礎づける事実関係の主要部分が共通であり、法的根拠としても在学契約の解除を理由とする不当利得返還請求権が生じたという点で共通だとされる。
(ii) 破綻必至の詐欺的商法を不法行為として損害賠償請求権を主張する場合は、「事業者が破綻必至の商法について、虚偽の事実を告げて勧誘し、契約を締結させ、対象消費者に金銭を支払わせたこと」が共通する事実関係であり、不法行為に基づく損害賠償請求権が生じることが法的根拠として共通する。
(iii) エステ施術契約において特定の薬剤の使用が契約内容となっていたにも関わらず、それを使わなかったため債務の本旨に従った履行がされなかったとの理由で債務不履行に基づく損害賠償を請求するという場合は、事業者がエステ施術の際に契約で使用することとなっていた薬剤を使用しなかったという点が共通の事実関係で、債務の本旨に従った履行の提供がされず、債務不履行に基づく損害賠償請求権が生じるという点が共通の法的根拠とされる。
(iv) マンションの耐震偽装事件について、「購入したマンションに、共通した工法に起因する耐震上の問題があること」という点で請求を基礎づける事実関係が共通であり、基本的な法的根拠としては「耐震上の問題により当該マンションが通常有すべき性質を有しないために、瑕疵担保に基づく損害賠償請求権が生じること」という点で共通であると考えられる。

なお、対象事件について詳しくは、次節「共通義務確認の訴えの訴訟物」にて改めて取り上げる。また基本的な法的根拠について共通であることに関連して、同一の事実関係に基づいて複数の法的構成が可能な場合にどう考え

るべきかという点も次節で取り上げる。

c. 支配性の要件

(1) 意義

　多数性と共通性の要件が満たされる事案においてもなお、簡易確定手続において個々の消費者の債権の有無を「適切かつ迅速に判断することが困難」と認められないことが必要となる。具体的には、共通義務に対応する対象消費者の損害発生原因が認められたとしても、因果関係や損害の認定・算定にあたって個別の事情を相当程度審理判断せざるを得ない場合が考えられる。

(2) 消費者庁による例示

　具体例として、消費者庁は以下のようなケースを挙げている（消費者庁・一問一答36頁Q27）。

　(i) 　ある商品の不具合が瑕疵に当たり、事業者が瑕疵担保責任に基づく損害賠償義務を負うことを確認したとしても、個々の消費者の購入した商品に当該不具合があるかどうかの認定判断が困難な場合

　(ii) 　過払い金返還請求において、みなし弁済が成立せず、事業者が不当利得返還請求義務を負うことを確認したとしても、個々の消費者ごとの貸し借りの内容やどの範囲の取引を一体のものとみて充当計算するかについて認定判断が困難な場合

　(iii) 　損害保険金不払いの事案で、保険事故が生じているかどうかの認定判断が困難な場合

　(iv) 　勧誘方法が詐欺的なものであり、事業者が不法行為に基づく損害賠償義務を負うことを確認したとしても、その違法性の程度がそれほど重大なものでないため、過失相殺が問題になる場合であって個々の消費者ごとの過失相殺についての認定判断が困難な場合

(3) 認定判断が困難な場合とは

　しかしながら、この例示に挙げられた事例をそのまま常に支配性が欠けると理解するならば、本制度の立法趣旨にそぐわないような結論が導き出される懸念がある。いずれの例示にも、「認定判断が困難」と解される場合との

限定が付されているので、例示されている類型に当たっても「認定判断が困難」とはいえないものは、支配性の要件に欠けると考えるべきではないことになる。

　例えば、(i)の瑕疵ある商品の事例は、本書第１部のシミュレーションのケースが該当しそうに見える。実際、化粧品の品質がばらついていて、不良品があるということであれば、対象消費者かどうかはそれぞれが購入した商品の状態を見て判断する必要がある。第二段階の簡易確定手続は検証や鑑定といった証拠調べは認めていない（法45条）ので、商品ごとに品質の悪さを審理判断することはできないのである。しかし、第１部では、訴状において製造年月日による特定を行い、判決ではロット番号により瑕疵ある商品を特定している。特定のロットの商品がすべて瑕疵があるということであれば、個々の消費者の購入した商品に瑕疵があるかどうかの認定判断が困難とはいえない。

　加えて、簡易確定手続でも書面による立証は予定されている。そこで、商品の一部に瑕疵があるという場合でも、瑕疵の存在を信頼のおける検査機関などが発行した証明書によって証明できる場合には、支配性の要件に欠けることはないと考えることもできよう。

(4)　集団的解決の先例

　なお、この支配性の要件を考える上で参考になるのは、いわゆる薬害肝炎被害者の救済制度の帰趨である。

　これは、2002年から全国で損害賠償請求訴訟を提起した結果、国と原告弁護団とが締結した基本合意に基づき、2008年に「特定フィブリノゲン製剤及び特定血液凝固第IX因子製剤によるＣ型肝炎感染被害者を救済するための給付金の支給に関する特別措置法」（薬害肝炎被害救済特別措置法）が制定された。その３条では独立行政法人医薬品医療機器総合機構が特定Ｃ型肝炎ウイルス感染者の請求に基づいて救済のための給付金を支払うことが定められ、４条では具体的な請求手続として、感染者であること、その病状の程度を証する「確定判決又は和解、調停その他確定判決と同一の効力を有する

もの（当該訴え等の相手方に国が含まれているものに限る。）の正本又は謄本を提出」することが必要とされる。

原告弁護団と国との基本合意書（http://www.mhlw.go.jp/topics/2008/01/dl/tp0118-1j.pdf）では、上記の要件該当性について以下のように定めている。

(i) 原告らは、本件各血液製剤の投与事実については、投与当時に作成された医療記録及びそれと同等の証明力を有する証拠に基づいて証明する。国が、その証拠に基づいて投与事実が認められると判断したときは、投与事実について争いがないものとする。

(ii) 症状及び症状進行の立証は、医師の診断書、各種検査結果記録等をもって行う。

なお、肝がんへの症状進行について、国は、慢性Ｃ型肝炎の進行によるものではないと立証できる場合を除き、肝がんの発症の立証がある者につき、それが慢性Ｃ型肝炎の進行によることを争わない。

(iii) 当事者双方に投与事実、因果関係又は症状に争いがある場合は、証拠調べにより、裁判所が判断する。

(iv) 証拠調べの結果、裁判所が、投与事実、因果関係及び症状についての所見を示したときは、当事者双方は、その所見を尊重する。

(v) 国は、血液製剤の投与事実、因果関係及び症状の認否に当たっては、総理・総裁の指示によって立法に至った新法の一律救済という理念を尊重する。

従って給付金を受けようとする者は、感染者であることと病状とを訴訟等で認められる必要があり、その証明手段としてはカルテ、母子手帳、分娩記録、手術記録などの資料や、主治医の投薬証明書などが予定されている。これらの書面が提出できれば、国は裁判上の和解に応じて、上記の給付金支給が可能になる。

(5) 消費者裁判手続特例法への応用

消費者裁判手続特例法の下では、第二段階が決定手続により簡易迅速に対象債権の有無を決定することになっているので、通常の証拠調べは予定され

ていない。従って薬害肝炎の基本合意書に見られるような、証拠調べによって裁判所が実質的な判定をすることを前提にすることは想定できない。しかし一定の証明力のある文書を定めて、この文書を提出した者を対象消費者の範囲と定めるならば、支配性の要件を満たすものと扱って良いと考えられる。なおこれは和解により定める場合のみならず、共通義務を確認する判決においても可能である。判決において、対象消費者の範囲をそのように定義すればよい。

(6) その他の例示について

(i) 過払い金返還請求

前記 (2) (ii) の過払い金の返還請求権についても、各対象消費者ごとに過払い額の計算が困難な場合が支配性の要件を欠く例とされているが、疑問である。貸付時期や額、返済の時期や額、約定利率や損害金算定方法など、その計算に多くの要素が必要となることは事実だが、基本的には計算上の問題である。また取引履歴は、事業者側においてその記録を保有している限り、書面による確認が可能である。従って、むしろ原則として支配性の要件は満たす類型と見るべきである。

(ii) 保険金支払い請求

前記 (2) (iii) について、保険事故の発生不発生が争われるような事案においては確かに個別消費者ごとの立証と認定が必要となる。しかし損害保険金不払いで多数の対象消費者が被害を受けている場合とは、多数の保険事故発生が認められるのに保険会社が全部または一部の保険金支払いに応じない場合であり、損害算定基準が不当であったり、特約の適用を怠っているなどの事例が考えられる。そのような場合にも支配性の要件が欠けると解すべき例示ではないことに注意すべきである。

(iii) 不法行為と過失相殺

前記 (2) (iv) の過失相殺についての認定判断が困難という例示についても、必ずしも適切な例とは言いがたい。

不法行為や債務不履行に基づく損害賠償では、抽象的には常に過失相殺の

可能性があるし、原理的には個別の事例ごとに過失の有無・程度が審理判断されることになるので、そのような理解を前提にすれば、およそすべての損害賠償事例に支配性が欠けることになる。しかし、そのような解釈は本法の立法目的に反することは明らかである。そもそも過失相殺を基礎づける事実の証明責任は被告事業者側にあり、しかもそのことを書面のみで立証することは通常困難であろうから、簡易確定手続の中で個別の消費者に特有の事情に基づく過失相殺が主張されたとしても、少なくとも決定手続では斟酌されずに債権の存在が認められそうである。

　これに対して、当該事案に対象消費者側の過失と評価されるべき事実が定型的に見られるという事例であれば、そのことは共通義務確認の訴えの中で事業者側が立証し、共通義務に対応する対象債権の範囲として「代金の60％相当額を限度とする」などと定めることが考えられる。

　例えば、ニセモノのブランド品を真正品と誤認させて販売した事例で、ニセモノの販売行為が不法行為に該当するから代金相当額の返還請求権に対応する共通義務があるとの訴えが提起されたとしよう。この場合にニセモノ販売の広告などに小さく「コピー商品」などと印刷されていて、誤認した消費者にも一定の過失があると判断される場合には、対象消費者の購入代金のうち60％を限度とする返還義務が共通してあることの確認判決を下すことが考えられる。これに対してニセモノ商品自体の形状から専門家であれば真正品でないことが分かるという場合に、対象消費者の中で専門的な鑑定眼を持つ者は例外的に過失相殺の余地があり得るということも考えられる。その場合は、共通義務としては過失相殺の余地を認めずに一律の返還義務を認め、簡易確定手続における認否や異議後の訴訟において、そのような例外的な能力を有する消費者であることを事業者側の立証に委ねるということが可能である。

　いずれにせよ、過失相殺の可能性があるというだけで直ちに支配性の要件が欠けると解すべきではない。

4 管轄など

a. 事物管轄

　共通義務確認の訴えは、原則として一般の民事訴訟と同様であり、事物管轄は、訴額が財産権上の請求でない請求とみなすとの規定（法4条）に基づき、民訴法8条2項により140万円を超えるものとされるので、地方裁判所が管轄する。

　その趣旨は、共通義務が確認されても原告・特定適格消費者団体には何らの経済的利益もないこと、対象消費者の利益を基準とすることも考えられるが、その算定は著しく困難だというにある（消費者庁・一問一答41頁Q30）。なお、これによって訴額は160万円とみなされ（民訴費用法4条2項）、訴え提起の手数料は13,000円となる。

b. 土地管轄

　土地管轄は、原則に従い、被告の普通裁判籍所在地を管轄する裁判所に管轄権がある（民訴法4条）。従って被告である事業者の「主たる事務所又は営業所」、あるいは「事務所又は営業所がないときは代表者その他の主たる業務担当者の住所」が普通裁判籍を決定し、その場所を管轄する地方裁判所に管轄権があるのが原則となる。民訴法5条の特別裁判籍の適用は除外されている（法6条1項）が、民訴法5条5号の「事務所又は営業所を有する者に対する訴えでその事務所又は営業所における業務に関するもの」についてはその「事務所又は営業所の所在地」に特別裁判籍があるとの規定の適用が認められている。また法3条1項1号から4号までに掲げる事件は義務履行地に、同項5号に掲げる事件は不法行為地に、それぞれ特別裁判籍が認められている（法6条2項各号）。

　従って、一般の解釈に従えば、金銭債務の履行を求める場合に履行地を定める特約がなければ、債権者、すなわち対象消費者の住所が履行地となる（民法484条）ので、対象消費者が特定されれば、その住所地を管轄する裁判所に管轄権があることになる。

このほか、対象消費者が 500 人以上であると見込まれる場合には、各高等裁判所の管轄区域に裁判籍がある事件を各高等裁判所本庁所在地にある地方裁判所が管轄権を競合的に有し、1000 人以上であると見込まれる場合は東京地裁または大阪地裁が管轄権を競合的に有する。

例えば、第 1 部のシミュレーションの事案で Y 社が山形県に主たる事業所を有する会社で、対象消費者も山形県や秋田県にわたって 1000 人以上が瑕疵ある化粧品を購入していたと仮定する。この場合は民訴法 4 条に基づき、被告の普通裁判籍所在地を管轄する山形地裁に共通義務確認の訴えの管轄権があるほか、多数の対象消費者が不法行為責任を追及できるとすると、法 6 条 2 項 2 号に基づき、その住所地を管轄する秋田地裁にも管轄権がある。さらに、1000 人以上の対象消費者が見込まれることから、同条 3 項に基づき仙台地裁に競合的に管轄権があるほか、同条 4 項に基づき東京地裁または大阪地裁にも管轄権が認められる。

c. 複数の団体が同一または関連する訴えを提起する場合の調整

多数の地方裁判所が同一の事件に管轄権を競合して有するとすると、複数の特定適格消費者団体がそれぞれ自己の所在地に近い裁判所に共通義務確認の訴えを提起し、別々の場所で併行して同一事件が審理されることになりかねない。これを防ぐため、同条 5 項は、上記のケースのほか合意管轄（民訴法 11 条）または応訴管轄（民訴法 12 条）が生じる場合も含め、「先に訴えの提起があった地方裁判所が管轄する」と定める。その上で、法 7 条 1 項は「請求の内容及び相手方が同一である共通義務確認訴訟が数個同時に係属するとき」の必要的併合を規定している。ただし、著しい損害又は遅滞を避けるために必要があれば、他の管轄裁判所へ移送することができる（法 6 条 5 項但書）。

さらに、「他の裁判所に事実上及び法律上同種の原因に基づく請求を目的とする共通義務確認訴訟が係属している場合」には、「当事者の住所又は所在地、尋問を受けるべき証人の住所、争点又は証拠の共通性その他の事情を考慮して相当と認めるとき」を要件として、他の係属裁判所に事件を移送す

ることができると定められている（法6条6項）。

　例えば、第1部のシミュレーションでは、共通義務の対象消費者が有する権利は、同じ種類の商品の瑕疵による損害賠償請求権であり、同一の事実上の原因ではなく同種の事実上の原因であるが、共通義務としては対象消費者それぞれに対する義務を包括して一個の共通義務と観念する。法2条4号の定義規定では「共通する事実上及び法律上の原因」という表現で、同種である場合と区別されている。そして共通義務が同一であれば、法6条5項が規定するように「先に訴えの提起があった地方裁判所が管轄する」ので、別々の裁判所に併行して訴えが提起されても、後に提起された訴えが先に提起された訴えの受訴裁判所に移送され、必要的に併合されるはずである。

　そうだとすると、法6条6項に該当する場合としては、共通義務としては別個であるが「事実上及び法律上同種の原因」に基く場合を考えなければならない。具体的には、同一事業者が別の種類の商品について瑕疵担保責任をそれぞれ多数の消費者に対して負う場合、例えば、第1部シミュレーションの事案でY社が製造販売するY美化粧品の他にY_2化粧品という別の商品でも同様の瑕疵が存在して消費者が代金返還を求めており、Y美化粧品に関する共通義務確認とY_2化粧品に関する共通義務確認とが別々に提訴されている場合が考えられる。あるいは、同種の事実上及び法律上の原因に基づく義務が複数の事業者に認められる場合、例えば、学校の入学辞退者に対する学納金不返還が複数の学校で問題となっているときに、それぞれに対する学納金返還の共通義務確認が別々に提起されている場合なども、6項に該当すると考える可能性がある。

　なお、同じ共通義務でも、対象消費者の居住地域や、契約の締結地域または時期により、区分して訴えることができるか、その場合には「同種の原因」ということになるのか、問題が残されている。

d. 国際裁判管轄

　海外の事業者に対して共通義務確認の訴えを提起することができるかどうかについて、消費者裁判手続特例法は何ら規定をおいていない。従って、一

般原則の適用により、相手方事業者の事業が日本国内で行われているときには、その事業者に対する国際裁判管轄を日本の裁判所が行使できる（民訴法3条の3第5号）。

ただし、消費者契約に関する特則である民訴法3条の4は、消費者が原告となるわけではないので、適用されない（消費者庁・一問一答46頁Q34）。

第2節　共通義務確認の訴えの訴訟物

1　対象となる事件

a.　法律の列挙する請求

共通義務確認の訴えの対象となる事件は、消費者契約に関して事業者が消費者に対して金銭支払義務を負う場合で、次に掲げるものとされている（法3条1項）。

> 1号　契約上の債務の履行請求
> 2号　不当利得にかかる請求
> 3号　契約上の債務の不履行による損害賠償請求
> 4号　瑕疵担保責任に基づく損害賠償請求
> 5号　不法行為に基づく損害賠償請求

ただし、いわゆる拡大損害や逸失利益の賠償は請求できないし、人身被害の損害賠償や慰謝料請求もできない（法3条2項）。

b.　契約上の債務の履行請求権

消費者が事業者に対して契約上の債務の履行として金銭請求権を有する場合としては、ゴルフ場の預託金返還請求権が履行されない場合が考えられる。これは、例えば約定の預託金返還期日をゴルフ場運営事業者が一方的に延伸すると決定し、多数の会員の返還請求権を履行しないといった場合に生じる。

そのほか、多数の賃貸物件を有する事業者が敷金の不返還特約を賃貸借契約に記載していた場合、当該特約が消費者契約法 10 条に基づき無効と解されるならば、契約を終了した賃借人に対して敷金返還義務を共通して負うことになる。もっとも、敷金は個別的な事情により減額されることはあり得るが、賃借人側に賃料不払いがあったり、通常使用に伴うものではない程度の損傷により敷金から修理代金に充当する必要があることなどは例外的なものである。それらの事情について証明責任を負う事業者側が書面により証明することも可能であるとすれば、簡易確定手続において個別の調整がなされようし、書面による証明ができないとすれば異議後の訴訟に委ねることになる。いずれにせよ、例外的な場合を除き、賃借人の多くが簡易確定手続により権利の実現を図ることが可能となるものと考えられる。

多数の保険契約者に生じる保険金請求権が履行されない場合も、この履行請求権の例として考えられる。この場合、そもそも保険事故が発生したかどうかに争いがある場合はともかく、特約に基づく増額が不当に適用されないという事案であれば、その特約に基づく給付義務を共通して負うことの確認が可能となる。

c. 不当利得に関する請求権

不当利得返還請求権とは、民法 703 条および 704 条に規定がある。これは法律上の原因がないのに給付するなどして消費者に損失が生じている場合に、事業者が得ている利得の返還を求められるというものである。

消費者契約について見ると、契約が錯誤（民法 95 条）や虚偽表示（民法 94 条）、公序良俗に反する（民法 90 条）などの理由で当初から無効という場合もあるが、不実告知や監禁・不退去などの不当勧誘行為を理由とする取消しが認められる場合（消費者契約法 4 条以下）、民法上の詐欺強迫を理由とする取消しが認められる場合（民法 96 条）、代金を支払ったのに売買目的物が引き渡されないなどの理由により契約を解除する場合（民法 541 条、543 条など）に契約が無効となり、支払い済みの代金は不当利得として返還を求めることができる。もっとも、解除の場合に生じる請求権は原状回復請求権ではない

かという疑問もあるが、その性質は不当利得返還請求権と位置づけることも可能であろう。

2号はこれらにより消費者に共通して生じる不当利得返還請求権に対応する事業者の義務を対象としている。

具体的事案としては、大学が学生と在学契約を結んで学納金の納入を受けた後に、実際の入学前に解除した学生に対して、学納金不返還特約を理由に全額の返還を拒んでいる場合において、多数の入学辞退者に共通する在学契約解除に伴う不当利得返還請求権が生じると考えられる。あるいは、詐欺的なモニター商法について詐欺取消しや契約無効を理由とする不当利得返還請求権が多数の消費者に共通して成立する場合も考えられる。

ただし、不当勧誘行為については、個々のセールストークが不当であるという限りでは共通性の要件を満たすかどうかが問題となる場合も多い。説明会を用いた催眠商法などを大規模に行っているという場合であれば、多数性・共通性を満たす場合があると思われる。

d. 債務不履行による損害賠償請求権

例えば消費者が注文した商品が届かなかったり、契約と異なる商品が提供されたという場合に、民法415条に基づき認められる請求権である。

ただし、債務不履行の場合は解除権が認められ、解除に基づく不当利得返還請求権が成立する場合は2号の対象となる。また共通義務確認の訴えは拡大損害や逸失利益を対象から外しているので、不当利得請求の他に損害賠償請求にかかる共通義務が認められる場合は限られてくる。

e. 瑕疵担保責任に基づく損害賠償請求権

瑕疵担保責任とは、民法570条に定められた「売買の目的物に隠れた瑕疵があったとき」の損害賠償請求権であり、第1部のシミュレーションで挙げた粗悪な化粧品も、その一つの例に当たる。

ただしここでも、瑕疵により契約の目的を達することができない程度に至れば契約の解除が認められ、支払い済みの代金は2号の不当利得返還請求権となる。解除がなされない場合の損害賠償請求権を多数の消費者が共通して

負う場合としては、多数の購入者がいるマンションに建築瑕疵があり、その修補に必要な額を損害賠償として請求する場合などが考えられる。

なお、瑕疵の程度が消費者ごとに異なっている場合には、簡易確定手続において結局一人ひとりの消費者の瑕疵の存否・程度を審理しないとならないことになり、法3条4項の支配性の要件が欠けると解されるおそれがある。その場合でも、第1部のシミュレーションで想定したように、商品の一定範囲のものがすべて瑕疵があるという場合であれば、支配性の要件は満たされよう。また商品ごとに異なるという場合でも、本節3cで述べたように簡易確定手続において書面によりその瑕疵の有無を判定できる場合であれば、支配性の要件が満たされると解する余地がある。

f. 不法行為に基づく損害賠償請求権

これは、民法709条以下に基づく請求権ということになるが、「消費者契約に関する」という条件がかかっているので、その範囲は限定的である。

例えば、事業者が有名ブランド商品の偽造品を真正品と偽って販売したという場合は、その販売行為自体が不法行為と評価され、代金相当額の損害賠償請求権が成立する。未公開株を上場確実と称して売りつける商法や金の現物まがい商法等の場合も、その取引自体が不法行為と評価できるので、事業者には被害消費者に対する共通の損害賠償義務が生じる。

ただし、これらの場合は、同時に債務不履行に基づく損害賠償請求権、あるいは詐欺または不実告知を理由とする契約取消しに基づく不当利得返還請求権も成立することが多いので、2号、3号と重複することになる。

このほか、契約締結上の過失により損害賠償を請求するものや、いわゆるワンクリック詐欺により契約代金と称して請求し、金銭を受領した場合なども、この消費者契約に関する不法行為に該当する（消費者庁・一問一答27頁Q19）。

いずれにせよ、拡大損害や逸失利益が除外され、人身被害が生じた場合の損害賠償や慰謝料請求権も除外されているので、第1部のシミュレーションにおいて、粗悪な化粧品の代金相当額を不法行為に基づく損害として請求す

ることはできても、化粧品を使って肌に異常が生じた場合の治療費や慰謝料などは請求できない。

また、立法過程では、個人情報漏えいによる情報主体（当該情報が識別する本人）の損害賠償請求権が含まれるかどうかが問題となったが、これを除外する明文の規定は置かれていない。しかし、個人情報の保有主体と情報主体たる消費者とが直接契約関係にある場合は消費者契約に関するといえても、それ以外は共通義務確認の訴えの対象とはならない。また個人情報漏えいを不法行為とする損害賠償では、慰謝料を損害とするのが常である。この点でも、共通義務確認の訴えの対象とはなり得ない。

なお、不法行為に関する請求については、わざわざ「民法（明治29年法律第89号）の規定によるものに限る」と限定されており、特別法に定められた損害賠償請求権、例えば製造物責任法、金融商品取引法、金融商品販売法、保険業法、独占禁止法などによる損害賠償請求権は、それが消費者契約に関わるものだとしても除外されることになる。その理由は、特別法が過失の証明責任を修正したり、損害の推定規定をおいたり、被害者の利益回復を容易にする規定をおいているので、本法の適用によりそれらの法令のもつバランスが崩れることを懸念したとされている（消費者庁・一問一答29頁Q21）。

ただし、民法の不法行為に関する規定が排除されていなければ、民法上の不法行為に基づく損害賠償請求権も競合して成立しうる場合があるし、消費者契約に関わるものであれば債務不履行を理由とする損害賠償請求権も競合して成立する場合があり得る。こうした場合は、特別法上の損害賠償請求権があったとしても、4号または5号の請求に対応する共通義務確認の訴えが提起できることになる。

この他、不法行為については、被告とすることのできる事業者が拡大されている。この点については前述（第1節2b）参照。

2 訴訟物

a. 訴訟物に関する基本的な考え方

　原告が審理判決を求める事項を訴訟物といい、給付訴訟では給付を求める実体法上の請求権が、確認訴訟では確認を求める権利・義務、法律関係が、そして形成訴訟では形成権または形成原因が、それぞれ訴訟物となる。

　民事訴訟法学上、訴訟物概念をめぐっては長年の対立があり、多数説は特に給付訴訟について、複数の実体法上の請求権が成立しても、一回の給付しか求められない場合には一つの訴訟物しか構成しないという立場を採ってきた。これを新訴訟物理論、あるいは訴訟法説という。これに対してかつての通説および現在でも判例実務は、実体法上の請求権が訴訟物を画するとして、複数の実体法上の請求権が競合して構成される場合には複数の訴訟物が観念されるとしてきた。これを旧訴訟物理論、あるいは実体法説という。

　消費者裁判手続特例法の立法者は、この実体法説に基いて立法しているものと思われるので、以下でもこれを前提とする。

b. 共通義務確認の訴えの特殊性

(1) 共通義務を「負うべきこと」

　共通義務確認の訴えにおける訴訟物は、確認の対象である「共通義務」の存否ということが一応言えるが、その意味するところと範囲とをどう理解するのかは困難な問題である。

　まず、法2条4号の定義によれば、共通義務には「個々の消費者の事情によりその金銭の支払い請求に理由がない場合を除いて」という留保がつけられており、厳密に言うならば、義務の存否を確認するものではない。同号には、「金銭を支払う義務を負うべきことの確認」とあり、「義務を現に負っていることの確認」とはされていないところも重要である。つまり、法的な義務の存否ではなく、あくまで義務が生じる可能性があることが確認の対象となっており、この点では消費者委員会の検討段階まで採られていた「共通争点」確認という構成の方がより実態に近いと評価することもできる。とはい

え、個々の争点の確認ではなく「義務を負うべきこと」の確認とされたのであるから、「個々の消費者の事情によりその金銭の支払い請求に理由がない場合」を留保した上で、基本的には多数の対象消費者に共通の義務が成立しうべき主要部分が認められることの確認が訴訟物と捉えられる。

(2) 複数の共通義務が競合する場合

次に、共通義務とは多数の対象消費者と被告事業者との間に成立するものであるが、消費者によっては同一の給付を求めるのに複数の法律構成が競合して成立したり、その一つの法律構成しか成立しなかったりする。また、事実関係もすべての消費者が完全に一致するわけではない。契約の日時はもちろん、締結過程の事情やトラブルとなった後の経過も消費者ごとに異なる可能性がある。どの部分までが「共通」であれば「共通義務」と認められるのか、解釈の余地が幅広く存在する。

例えば第1部のシミュレーションの事例を少し変えて、Y社から消費者が有名ブランド化粧品を購入したが、実際の化粧品は有名ブランドのニセ物であり、品質面でも粗悪品であったと仮定しよう。この場合、有名ブランドのニセ物を真正品と偽って販売する行為は民法上の詐欺に当たり、同時に消費者契約法上の不実告知に該当し、それぞれ取消しの意思表示を消費者がY社に対してすることで、不当利得返還請求権を取得する。また同時に有名ブランドのニセ物の販売は不法行為に該当し、購入した消費者はY社に対して民法709条に基づく損害賠償請求権を取得する。いずれの法律構成によっても、少なくとも支払った代金相当額の支払いを求める権利が消費者に成立し、Y社はこれに対応する義務を負う。

またこれらの3種類の請求権は、それぞれ要件が異なる。不法行為に基づく損害賠償請求権は特段の意思表示を要しないで発生するが、詐欺または不実告知を理由とする不当利得返還請求権は取消しの意思表示をすることが要件となっている。また同じ取消しでも、民法上の取消権は行使期間が追認できる時から5年と長い（民法126条）が、消費者契約法上の取消権行使期間は6ヶ月と極めて短い（消費者契約法7条）。

そこで、少なくとも不法行為に基づく損害賠償請求権はすべての対象消費者に共通するとしても、不当利得返還請求権は取消権を行使期間内に行使した消費者に限って成立し、同じ不当利得返還請求権でも不実告知と詐欺の両方を理由として取消しの意思表示をした消費者と、いずれか一方のみの取消しの意思表示しかできない消費者とが存在しうる。

(3) 実体法説に基づく訴訟物の構成

このような状況の下で、共通義務確認の訴えで確認される「共通義務」とは、Y社が販売した有名ブランドのニセ物である化粧品の代金相当額を各消費者に返還すべき義務を意味するのであろうか。それとも不法行為に基づく損害賠償請求権か不当利得返還請求権かによって「共通義務」は異なると解すべきか、はたまた契約の無効や取消しの原因が錯誤、詐欺、不実告知などのいずれに基づくかによって、同じ不当利得返還請求権でも異なる「共通義務」になると考えるべきであろうか。

詳しい検討は別の機会に譲るが、実体法説を前提とする限り、共通義務も多数の対象消費者に共通する実体法上の請求権を単位として、これに対応する義務と理解することが、立法者の意思にかなうと思われる。このことを前提に、その帰結を考えてみよう。

3 訴訟物から決まってくること

a. 判決の対象と既判力の客観的範囲

訴訟物は、判決の対象であるとともに、原則として既判力（民訴法114条）の範囲を規定する。従って、先に示したようなY社が有名ブランド化粧品のニセ物を販売したという事例において、原告の特定適格消費者団体が不当利得返還請求権と不法行為に基づく損害賠償請求権の2つの構成に対応する共通義務の確認を求めたのであれば、判決として2つの共通義務の有無を判断しなければならない。

逆に不当利得返還請求権のみに対応する共通義務の確認が求められれば、判決では不当利得返還請求権に対応する共通義務の有無のみを判断し、不法

行為に関しては判断しない。これは民訴法246条に基づく。その場合、判決確定後に生じる既判力も、不当利得返還請求権に対応する共通義務の有無のみについて生じるのであり、不法行為に基づく損害賠償請求権に対応する共通義務の有無には及ばない。従って既判力にかからず、別訴での審理判断が可能となる。

b. 管轄集中の解釈

法6条5項に定められた「先に訴えの提起があった」という要件は、同一訴訟物の共通義務確認の訴えが複数の裁判所に提起された場合と解されるし、法7条に定められた「請求の内容及び相手方が同一の共通義務確認訴訟」も、訴訟物が同一、すなわち対象消費者の有する実体法上の請求権が同一である場合を指すものと解される。

ただし、法6条6項に定められた「他の裁判所に事実上及び法律上同種の原因に基づく請求を原因とする共通義務確認訴訟」の意義については、法文が「同一」ではなく「同種」としており、移送も裁量的であり、また法7条の必要的併合は「同一」の場合に限られるから、「同一」ではないが「同種」の場合には併合審理も裁量的（民訴法152条）であるので、訴訟物が同一の場合よりも広く、同一の事実関係から生じる金銭請求権で法律構成を異にするものにも及ぶと解される。さらに、法62条により中止される可能性のある関連請求は「他の訴訟が当該共通義務確認訴訟の目的である請求又は防御の方法と関連する請求に係るもの」と規定されているので、訴訟物が同一でない場合でも幅広く及ぶものと解される。

c. 第二段階における対象債権

第二段階たる対象債権の確定手続では、簡易確定手続において債権届出が可能な債権について「請求の原因については、共通義務確認訴訟において認められた義務に係る事実上及び法律上の原因を前提とするものに限る。」と規定されている（法30条2項2号）。従って、実体法上の請求権としては同一でも、共通義務確認判決で認定された事実上および法律上の原因と異なる事実を根拠とする場合は、届出債権としての適格を有しないことになる。

例えば、有名ブランド商品のニセ物を販売した事業者に対して、不実告知による取消しに基づく不当利得返還請求権に対応する共通義務を確認する判決が確定した場合には、不法行為に基づく損害賠償請求権を届出債権とすることはできない。その上、同じ不当利得でも詐欺による取消しに基づく不当利得返還請求権は、事実上および法律上の原因が異なるので、やはり届出債権とすることができないこととなる。ただし、異議後の訴訟においては、訴えの変更が許されないので、不当利得返還請求権に不法行為に基づく損害賠償請求権を追加することはできないが、取消原因を追加することは訴えの変更ではなく主張の追加にすぎないので、認められることになる。

　同一の消費者で不実告知と詐欺の両方を理由とする不当利得返還請求権が成立している場合は問題が生じないが、消費者によってはいずれかしか成立してないという場合があり得る。それぞれでは事実も違うし、取消権の行使期間も違うからである。従って、共通義務確認の訴えを提起する場合は、複数の実体法上の請求権が競合して成立する可能性がある場合はそのすべてを併合して請求する必要があるし、同一の実体法上の請求権の中でも、請求権を基礎付ける可能性のある事実上および法律上の原因はすべて列挙して、そのいずれによっても成立することを認定させておく必要がある。

　第1部のシミュレーションでは、このような理解に基づいて、請求の趣旨においては競合する複数の請求権に対応する共通義務を一つひとつ確認するとの項を立て、請求原因事実の中で事実上および法律上の根拠として可能性のある構成をすべて挙げ、判決においてはそれらをすべて単純併合として扱った。理由中の事実上および法律上の請求原因事実構成も、そのすべてを並列して認定するものとしている。

第3節　審理の進行

1　事件の認知と対象消費者との関わり

　第一段階は、共通義務確認の訴えという訴訟類型が特殊であるだけで、訴訟手続は通常の訴訟と変わるものではない。特定適格消費者団体は、対象消費者の授権を受けることなく、独自に事業者を被告として訴訟を提起する。

　もっとも、対象消費者の授権が必要ないといっても、前提として特定適格消費者団体が共通義務確認訴訟の提起を決断するには、多数の消費者被害が発生していることを認知する必要がある。もちろん報道で知ったり、国民生活センターや行政庁の情報提供などで知ったりという場合もあるだろう。しかしその場合でも、被害を受けた消費者から直接に情報を得ることによって、多数の消費者に共通の被害が発生した事実関係を具体的資料に基づいて確認し、共通義務に対応する請求権の成立要件の立証に必要な事実と証拠を確保しなければならない。

　また、共通義務確認の訴えの管轄は、先に見たように、義務履行地が定められており、従って対象消費者の住所地などを管轄する裁判所に提起することができる。提訴する団体の所在地は管轄原因となっていないので、対象消費者を特定してその住所地などを明らかにする必要がある。

　それに、なによりも、実際に被害を受けた対象消費者の多くが回復を求めていることを団体として確認できなければ、提訴には至らないであろう。そういうわけで、第1部のシミュレーションにあるように、提訴に至る前の段階で、ある程度の範囲の対象消費者の特定と、その直接の接触がなされるのが通例になると思われる。

2　訴え提起まで

　特定適格消費者団体が事件を認知して事業者を被告として訴えを提起する

までの間は、通常の民事訴訟と同様である。つまり、一方では事実関係と証拠の収集を行い、他方では被告となるべき事業者との交渉を行う。

a. 訴訟代理人となる弁護士の選任

通常の民事紛争であれば、訴え提起までの段階において最も重要な行動が弁護士への相談、依頼というプロセスである。特定適格消費者団体の場合も特に被害回復関係業務を行うには弁護士に追行させる義務が明文で定められている（法77条）。従って、共通義務確認の訴えについては、弁護士を訴訟代理人として選任するか、あるいは団体の代表者が弁護士の場合は代表者自らが訴訟を追行することが求められる。弁護士を訴訟代理人に選任する場合でも、当該弁護士が団体の構成員や理事等の役員であることが通常と思われるが、団体構成員以外の弁護士を選任することも考えられる。

b. 事実および証拠の収集

証拠収集に関しては、法91条が「独立行政法人国民生活センター及び地方公共団体は、内閣府令で定めるところにより、特定適格消費者団体の求めに応じ、当該特定適格消費者団体が被害回復関係業務を適切に遂行するために必要な限度において、当該特定適格消費者団体に対し、消費生活に関する消費者と事業者との間に生じた苦情に係る相談に関する情報で内閣府令で定めるものを提供することができる。」と定めている。

その具体的な内容については、内閣府令の制定を待たなければならないが、適格消費者団体の差止請求権を定めた消費者契約法40条にも類似の規定があり、その運用では個別の被害を受けた消費者に関する情報も団体に提供されている。そこで、法91条の運用上も国民生活センターや地方の消費生活センター、地方自治体が保有する個別の消費者の被害に関する情報を団体に提供し、団体が共通義務の存在の主張立証に役立てることが期待される。

なお、弁護士法23条の2に定められた弁護士会照会（いわゆる23条照会）も、証拠収集の一般的な制度ではあるが、共通義務確認の訴えの提訴準備においても重要なツールとなる。ただし、この制度は弁護士が「受任している事件」に関するものであるので、訴訟委任契約が締結された後であれば利用

できることは明らかだが、第1部のシミュレーションで示したように、いずれ訴訟代理人となる予定の弁護士が団体の構成員として訴訟準備を行っている段階で弁護士会照会を行いうるかどうかには疑問の余地がないではない。この点は各弁護士会の取り扱いにもより、委任状が照会のための必要書類とされているなどの場合には、訴訟委任契約の締結を早めに行うといった工夫が必要な場合もあるであろう。

c. 訴状の作成

共通義務確認の訴えの訴状には、「対象債権及び対象消費者の範囲」の記載と、「請求の趣旨及び原因を特定」することが必要である（法5条）。

具体的にどのような記載をすればよいのか、必ずしも明らかではないが、対象債権と対象消費者の範囲については、個々の消費者が対象債権確定手続において債権届出を団体に授権することができるかどうかを判断する指標となるとともに、被告事業者にとってもこの手続により負担する債務の総額を見積もる手がかりとなるので、可能な限り客観的に特定される必要がある。

同じ項目は、対象債権確定手続における簡易確定手続開始決定書（法20条）、その官報公告（法22条1項2号）、申立団体による通知・公告（法25条1項3号、26条1項）にも記載される。また、特定適格消費者団体のする仮差押命令申立てにも記載される（法56条3項）。

第1部のシミュレーションの例でいうならば、概略、以下のように特定することとなろう。

(1) 対象消費者

被告の製造販売にかかるY美化粧品のうち、平成29年12月1日より平成30年2月末日までに製造された製品を購入した消費者またはその包括承継人

(2) 対象債権
① 対象消費者が被告に対して有するY美化粧品購入代金相当額の不当利得返還請求権およびこれに対する遅延損害金
② 対象消費者が被告に対して有するY美化粧品購入代金相当額の瑕疵

担保に基づく損害賠償請求権およびこれに対する遅延損害金
③　対象消費者が被告に対して有するＹ美化粧品購入代金相当額の債務不履行に基づく損害賠償請求権およびこれに対する遅延損害金

なお、それぞれ「個々の消費者の事情によりその金銭の支払い請求に理由がない場合」を留保する必要がある（法2条4号）。

(3)　請求の趣旨

これを前提として、共通義務確認の訴えの請求の趣旨は、以下のような記載をすることとなる。

> **請求の趣旨**
> 1. 被告は、被告との間で平成29年12月1日から平成30年2月28日までに製造された別紙物件目録記載の化粧品の売買契約を締結し、同契約に基づき売買代金を支払った後に、同契約を解除若しくは取消しした消費者又はその包括承継人に対し、個々の消費者の事情によりその金銭の支払い請求に理由がない場合を除いて、それぞれの売買代金相当額の不当利得返還義務及びこれに対するそれぞれの売買契約が解除又は取消しされた日の翌日から完済に至るまで年5分の割合による金員の支払義務を負うべきことを確認する
> 2. 被告は、被告との間で平成29年12月1日から平成30年2月28日までに製造された別紙物件目録記載の化粧品の売買契約を締結し、同契約に基づき売買代金を支払った消費者又はその包括承継人に対し、個々の消費者の事情によりその金銭の支払い請求に理由がない場合を除いて、それぞれの売買代金相当額の瑕疵担保責任による損害賠償義務及びこれに対する請求を受けた日の翌日から完済に至るまで年5分の割合による金員の支払義務を負うべきことを確認する
> 3. 被告は、被告との間で平成29年12月1日から平成30年2月

> 28日までに製造された別紙物件目録記載の化粧品の売買契約を締結し、同契約に基づき売買代金を支払った消費者又はその包括承継人に対し、個々の消費者の事情によりその金銭の支払い請求に理由がない場合を除いて、それぞれの売買代金相当額の債務不履行による損害賠償義務及びこれに対する請求を受けた日の翌日から完済に至るまで年5分の割合による金員の支払義務を負うべきことを確認する
> 4. 訴訟費用は被告の負担とする
>
> との判決を求める。

　この記載は、訴訟物について前に述べたように、実体法上の請求権ごとに対応する共通義務が一つの訴訟物となり、そのすべてについて判断を求める単純併合としている。

　また遅延損害金の起算点については、不当利得返還請求権の場合はその請求権が発生した契約取消しまたは解除の日の翌日からということになり、また損害賠償請求権については請求の日の翌日から起算することとしている。この点は、簡易確定手続における債権届出をもって対象債権の行使の意思表示がなされたものと解することもできよう。

(4)　請求の原因

　請求の原因としては、それぞれの請求権の発生原因事実の主張を記載することが必要である。その際、不当利得返還請求権の発生原因事実は契約の解消をもたらすあらゆる事実を競合して主張する必要がある。

　第1部のシミュレーションの例では、不実告知を理由とする消費者契約法4条所定の取消しの意思表示をしたこと、詐欺を理由とする民法96条所定の取消しの意思表示をしたこと、そして債務不履行を理由とする民法541条に基づく催告および解除の意思表示をしたこと、そのいずれかにより契約が解消されたことが要件事実として主張される必要がある。

　契約取消しまたは解除の意思表示は、共通義務確認の訴えの提起時はもと

より、事実審口頭弁論終結時までになされている必要もない。共通義務確認の訴えの定義規定（法2条4号）には「金銭を支払う義務を負うべきことの確認」とされ、既に金銭支払義務が発生していることを必ずしも要求していないし、共通義務確認の訴えは個々の対象債権の存在を確定するものでもない。少なくとも簡易確定手続における債権届出の時までに発生していれば足りるし、異議後の訴訟の口頭弁論終結時までに債権が成立していれば、これも対象となると解される。逆にいうと、簡易確定手続から異議後の訴訟を経て事業者に請求する債権については、異議後の訴訟の事実審口頭弁論終結時を基準時として、それまでの事実は既判力により遮断されてしまう。従って、それまでに債権の成立をもたらす事実は斟酌できるものとしなければならないのである。

　従って、不当利得返還請求権の前提となる契約の解消がその時までに行われた場合を含んだ請求の趣旨・原因を記載すべきである。

　なお、この点について、不当利得返還請求権の例としてしばしば用いられる学納金返還義務に関する訴状については、その書き方として、特定の日時までに契約を解除した消費者という特定が必要と説明がなされている（例えば消費者庁・一問一答42頁Q31）。これは大学の学納金返還請求権については、3月31日を境に、その日までに解除した受験生には授業料相当額の返還義務があるが、その日を経過してから解除した場合は返還義務が生じないとの判例理論があり、これを前提としているので解除の意思表示をした日が共通義務の要件とされるからである。共通義務に対応する対象債権の発生にそのような制約のない事例においては、原則として債権届出まで、異議後の訴訟に進む場合はその事実審口頭弁論終結時までに契約解消がなされれば足りる。

　ただし、消費者契約法上の取消権の行使期間は「追認をすることができる時から六箇月間」と極めて短期の定めがある（消費者契約法7条）。この期間は共通義務確認の訴えの提起によって中断はされない。従って、取消権自体が既に時効により消滅してしまっている場合があり、取消権行使が常に共通義務確認の訴えの後まで可能というわけではないことに注意を要する。

なお、共通義務確認の訴えの提起に際しては、他の特定適格消費者団体および内閣総理大臣に対する事後的な通知報告義務があり（法78条1項1号）、これを怠ると30万円以下の過料の制裁がある（法99条5号）。

3　審理の特色

a. 通常訴訟手続

訴訟審理も原則として通常の民事訴訟と同様である。受訴裁判所は、共通義務の確認請求に対して口頭弁論を経て、本案判決をもって判断を下す。

そして上訴期間の満了または上訴審の審理判断を経て確定に至るのは通常の訴えと同様である。

判決の言渡しと上訴の提起についても、他の特定適格消費者団体および内閣総理大臣に対する事後的な通知報告義務があり（法78条1項2号および3号）、これを怠ると30万円以下の過料の制裁がある（法99条5号）。

b. 審理の対象

共通義務確認の訴えは、個別の債権債務をめぐる争いと異なり、審理の対象となる事実は多数の消費者に対して共通して成立するべき事業者の義務に関係する部分に限られる。すなわち、共通義務確認の訴えの定義によれば「個々の消費者の事情によりその金銭の支払請求に理由がない場合を除いて、金銭を支払う義務を負うべきこと」を確認するものであるので、金銭支払請求権の成立を妨げたり、消滅させたりする「個々の消費者の事情」は共通義務確認訴訟の審理の対象とはならないものと解される。

典型的には、前述したような不実告知に基づく取消しを要件とする場合に、消費者の中にはその取消しの意思表示が行使期間を徒過していたという事情により不当利得返還請求権の発生が妨げられたり、あるいは追認して取消しできなかったという事情、さらには個別に返金がされたため債権が消滅した場合などが考えられる。これらの事情は、「個々の消費者の事情によりその金銭の支払い請求に理由がない場合」に該当するので、審理の対象とはならずに留保されることになる。ただし、被告事業者が相当多数の消費者に既に

支払義務の対象たる金銭を支払っているという場合は、これを弁済の抗弁として主張することも考えられる。しかし、こうした主張は共通義務の存在を否定する抗弁にはならない。被告事業者が任意に金銭を支払うことで、ほとんどの対象消費者が権利を回復したということであれば、多数性の要件が満たされなくなるか、あるいはそもそも確認の利益が欠けると解されるか、いずれにせよ訴訟要件の問題となると考えられる。

c. 中断・受継

一般の民事訴訟において訴訟係属中に当事者が死亡したり合併により消滅すれば、訴訟は中断し、相続人や合併による存続法人に受継される。この一般原則は共通義務確認訴訟にも妥当する。その上で、法61条は、特定適格消費者団体の特定認定が失効したり、取り消された場合における手続の中断と、その時期に応じた受継の定めをおいている。

(1) 特定認定の失効・取消し

それによれば、共通義務確認訴訟の係属中に提訴した団体の特定認定が、法74条1項各号の事由により失効した場合、または法86条1項もしくは2項のそれぞれ各号に定められた事由により特定認定が取り消された場合、法87条1項により内閣総理大臣が指定した他の特定適格消費者団体に手続が受け継がれる。あるいは、共通義務確認訴訟の共同当事者となっている特定適格消費者団体があれば、その団体が以後手続を追行するので、中断・受継は生じない（法61条3項）。

また、訴訟代理人が選任されている場合には、提訴団体の特定認定が失効または取り消されても、訴訟代理権が消滅せず（法60条）、訴訟代理人がいる間は中断・受継も生じない（法61条2項）ため、結局手続はそのまま進行する。

(2) 被告事業者の破産

被告事業者が破産した場合、一般的の民事訴訟の場合であれば訴訟は中断する（破産法44条1項）。そして対象債権は破産手続開始前の原因により生じるものである限り破産債権となるので、共通義務確認訴訟が破産債権確定

手続に受け継がれることはなく、各対象消費者は破産手続の中で債権届出をすることになる。

　この場合の共通義務確認訴訟の帰趨であるが、消費者庁・一問一答では実益がなくなるため取り下げることとなるとされている（59頁Q46）。しかしながら、そもそも中断中に訴えの取下げが可能かという点が疑問であるし、少なくとも被告・事業者の同意が必要な場合（民訴法261条2項）には、その同意を誰がするのかという問題がある。従って、中断後、管財人に受継させた上で、当事者による取下げを待つこととなろう。

　なお、当事者が取下げを拒み、続行することを望む場合もありうる。特に被告・事業者の側で共通義務がないことの確認判決を得る利益があるという場合も考えられないではない。しかし、総括執行である破産手続の中で個別の債権確定手続が始まっている以上、共通義務確認の訴えを併存して審理判断することは相当ではないし、その判決が確定したとしても、破産手続の中で意味を持つかどうかは疑問がある。従って当事者が取り下げない場合は、訴えの利益が失われたとして却下すべきものと考える。

第4節　和解・取下げ等

1　判決によらない訴訟の完結

　判決によらないで訴訟が完結する可能性は、原告による訴えの取下げ（民訴法261条以下）、両当事者による訴訟上の和解（同法89条、264条以下）、原告による請求の放棄または被告による請求の認諾（同法266条）がある。
　共通義務確認の訴えについても、そのいずれもが可能と解されるが、特に訴訟上の和解については規定がある。

2　訴訟上の和解の可能性

a. 共通義務の存否に関する和解

　訴訟上の和解については法10条により、「第2条第4号に規定する義務の存否について」和解をすることができると規定されている。

　この規定ぶりからは、共通義務の存否以外の内容を含む和解は一切できないものと解することも可能だが、そのような厳格な解釈は妥当ではない。共通義務の全部または一部を認めるとともに、不当条項や不当勧誘行為の中止について合意すれば、その部分に関しても訴訟上の和解として確定判決と同一の効力が生じる（民訴法261条）と考えられる。これは簡易確定手続の開始原因となる（法12条）上、他の特定適格消費者団体や簡易確定手続において団体に授権して債権を届け出た消費者にも効力が及ぶ。

　これに対して、共通義務を認めない代わりに原告団体に解決金などの金員を支払うとの和解は、法83条1項1号にも該当せず、法86条2項1号の「相手方と通謀して請求の放棄又は対象消費者の利益を害する内容の和解をしたとき」に該当する可能性があるので、できないと解すべきである。

b. 対象消費者に金員を支払う旨の和解

　共通義務が存在しないと認める代わりに、対象消費者に一定の金員を支払う旨の和解は、対象消費者が特定されていない段階である以上、対象消費者に直接権利を付与する効果を認めることは困難である。また対象消費者の一部のみが利益を受けることとなる和解は、それ以外の対象消費者の利益を害することにもなりかねず、法75条1項に照らして問題がある。

　逆にいうと、このような偏頗性が認められなければ、対象消費者の全体に対して一定の金員を支払う旨の和解は、原告団体と相手方事業者との間で、事業者の作為義務を定めたものとして、効力が生じると考えられる。

　このような和解は、共通義務の存在を認めたものでない以上、第二段階の個別債権確定の手続が始まらないこととなろう。しかし、一定の方式で支払いを求める消費者に対して、一定の金員を支払うべきことを定める訴訟上の

和解が成立すれば、これは原告団体と事業者との間で拘束力を持ち、事業者が和解に定められた弁済義務を履行しない場合には、原告団体が和解調書の執行として間接強制を申し立て、事業者にその履行を強制するということも、紛争の実効的な解決として望ましい。

法はこうしたことを禁止する趣旨ではないと解すべきである。ただし、弁護士法上の問題が生じる可能性が指摘されている（消費者庁・一問一答56頁Q43）。

3 和解と通知義務

訴訟上の和解をした場合には内閣総理大臣および他の特定適格消費者団体に通知報告義務が生じる（法78条1項5号）。加えて、訴訟上の和解や請求の認諾、上訴の取り下げなど、確定判決と同一の効力が生じることとなる行為をしようとする場合にも、同様に通知報告義務がある（同条同項7号）。7号の通知報告義務は、消費者契約法23条4項10号と同趣旨であり、事前の通知報告を義務付けていると解される。

通知報告の具体的な方法や期間は内閣府令により定められるが、消費者契約法については同法施行規則13条が具体的に規定している。そこでは訴訟上の和解などをしようとする日の2週間前までに通知報告すべきことが定められている。従って共通義務確認の訴えについても同様の定めがおかれることとなろう。

事前の通知を義務付けたのは、対象消費者の権利を害するような内容の和解をしようとする場合に、通知を受けた他の特定適格消費者団体が共同訴訟参加（民訴法52条）して和解を防ぐことができるようにするためだと説明されている（消費者庁・一問一答58頁Q45）。しかし実際には、よほど明白なもので迷いなく法的手続を採ることができる場合でなければ、訴訟外の特定適格消費者団体が消費者にとっての有利不利を実質的にも判断し、内部的意思決定を行い、参加に必要な文書を作成して共同訴訟参加を申し立てることは困難であろうと想像される。

そうだとすると、法11条が定める詐害再審の規定を踏まえて、「原告及び被告が共謀して共通義務確認の訴えに係る対象消費者の権利を害する目的」をもって和解をした場合には、当該和解は再審事由があることとなり、無効と解される。これに基づいて、他の特定適格消費者団体が新たに共通義務確認の訴えを提起することにより、不当な和解の是正を図ることとなろう（消費者庁・一問一答58頁Q45）。

第5節　判決とその効力

1　共通義務確認判決の特徴

共通義務確認の訴えに対する判決は、通常の民事訴訟と同様であるが、いくつか特徴がある。

a. 共通義務を「負うべきこと」の意味

まず、共通義務が確定的に存在することを確認するわけではなく、あくまで「金銭を支払う義務を負うべきこと」（法2条4号）の確認である。これには「個々の消費者の事情によりその金銭の支払い請求に理由がない場合を除き」という留保が定められている。対象消費者の中に弁済を受けたという者が含まれている可能性があることは、共通義務確認の妨げにはならないのである。

加えて、共通義務確認判決の基準時（事実審口頭弁論終結時）において共通義務が存在することを確認するわけでもない。少なくとも債権届出の時点までに、あるいは場合によっては異議後の訴訟の口頭弁論終結時までに、個々の対象消費者に対して負うことがあり得る共通義務を確認するものである。

従って、例えば取消しや契約解除に基づいて発生する不当利得返還請求権に対応する共通義務の確認判決が確定した場合、少なくとも債権届出の時点までに、あるいは最も遅くて異議後の訴訟の口頭弁論終結時までに、取消権・解除権の行使（意思表示）がなされれば、共通義務確認判決に基づく第二段

階の手続によって権利を実現することができる。共通義務確認の訴えの判決はそうした請求権をカバーするものである必要がある。

b. 競合する請求権に対応する共通義務

また、同一の社会的事実関係から複数の共通義務が訴訟物とされている場合、具体的には、有名ブランドのニセ物を本物と偽って消費者に販売した場合、その販売自体が不法行為として購入代金相当額の損害賠償請求権が購入者に生じるが、他方で詐欺を理由とする取消しの意思表示をした消費者は、同じ購入代金相当額の不当利得返還請求権を取得する。この場合に、個別の給付訴訟であれば、損害賠償請求権と不当利得返還請求権とは選択的併合として、いずれかの請求を認容すれば他の請求は審理判断しないこととなる。これに対して共通義務確認の場合は、両者は単純併合となる。なぜなら両方の請求権を競合して有する消費者もいれば、いずれか一方のみしか有しない消費者もいるので、両方の請求権に対応する共通義務をいずれも認めておく必要があるからである。

さらに、一つの共通義務、例えば不当利得返還請求にかかる共通義務を負うべきことを認容する判決の中でも、複数の社会的事実から同一の不当利得返還請求権が発生する可能性があれば、そのいずれについても認定しておく必要がある。例えば解除に基づく不当利得返還請求権と取消に基づく不当利得返還請求権とは、社会的事実としては同一ではないが、請求権は同一である。そのいずれかを選択して請求原因事実として認定しただけであれば、その認定された事実に合致する消費者は対象消費者となりうるが、認定されなかった事実に合致する消費者は対象消費者となりえない。これでは権利回復される範囲が不当に狭まることになるので、いずれをも請求原因事実として認定する必要がある。これは訴訟物たる請求を特定する要素ではなく請求を基礎づける事実であるので、理由中で認定し判示することとなるし、その理由中の判断が簡易確定手続において重要となるのである。

c. 損害額またはその算定方法

損害額は、個別の消費者の事情によるので、共通義務確認の訴えでは認定

しないものとされている。

　ただし、対象債権の金額が共通義務の性質上定まってきたり、あるいはその算定方法が事実上定まるという場合には、その損害額算定に関する事実が審理判断されることになる。例えば、契約の解約料の定めが平均的損害を超える部分について無効であるとの規定（消費者契約法9条1号）に基づき、平均的損害を超える部分の返還請求権に対応する共通義務の確認を求める場合には、平均的損害を共通義務の成否として認定することになる。この場合は、これを超える額が損害となるので、共通義務確認訴訟の中で損害算定の全部または一部を行うこととなる（消費者庁・一問一答21頁Q15）。

2　共通義務確認判決の効力

a. 既判力

　共通義務確認の訴えについて判決が確定すると、少なくとも既判力は生じる。この既判力は、認容判決であれば、対象消費者に対して対象債権に関する共通義務を負うべきことについて、事実審口頭弁論終結時を基準として拘束力を生じる。もっとも、「個々の消費者の事情によりその金銭の支払い請求に理由がない場合」を留保したものであるので、その限りでは基準時前の事由であっても遮断されないこととなる。

　何が「個々の消費者の事情によりその金銭の支払い請求に理由がない場合」に該当する事由で、何が拘束力ある事項なのかは必ずしも明確ではない。厳密に考えれば、個々の消費者の有する債権と団体が確認を求めた共通義務とは異なるものであるから、共通義務を負うべきことを確認した判決は対象消費者の個々の債権の存在を全く確定しないということもあり得る。しかしそれではこの訴訟類型を法律で創設した意義が失われることとなる。

　そこで、共通義務確認判決が共通義務の根拠として認めた事実上および法律上の原因については、既判力により争えないものとし、判決が留保した事由や個々の消費者に特有の事情は確定されないと考えることになる。従って、理由中の判断に拘束力を認めるのと同様となり、判決効のあり方として、興

味深い立法といえる。

b. 既判力の主観的範囲

　既判力の主観的範囲としては、原告団体と被告事業者との間に及ぶほか、他の特定適格消費者団体に対しても有利不利を問わずに及ぶ（法9条）。従って、共通義務確認の訴えの認容判決が確定すると、他の特定適格消費者団体が同一の共通義務確認訴訟を同一の事業者に対して提起することは、その団体に既判力が及ぶため、原則として訴えの利益がないとされる。また、共通義務確認が棄却された判決が確定した場合、他の特定適格消費者団体が同一の共通義務確認訴訟を同一の事業者に対して提起しても既判力に拘束されるので、基準時後の事由により変動がない限り、請求棄却となる。

　対象消費者に対しては、簡易確定手続において団体に授権した者に限り、有利不利を問わずに及ぶ（法9条）。ただし、共通義務確認請求が全部棄却された場合は、第二段階の個別債権確定手続が開始されないので、対象消費者が共通義務確認訴訟の既判力を受けることはなくなる。

3　詐害再審

　法11条は、「原告及び被告が共通義務確認の訴えに係る対象消費者の権利を害する目的をもって判決をさせた場合」に、他の特定適格消費者団体が確定した終局判決に対して、再審の訴えをもって不服を申し立てることができると規定している。これはいわゆる詐害再審を認めた規定と解することができる。

　類似の規定としては、株主による責任追及の訴え（会社法853条）、行政処分の取消しの訴え（行訴法34条）などの再審規定がある。

第6節　複雑訴訟

1　請求の客観的併合

　同一の事業者に対して複数の共通義務の確認を求める場合、それが同一の社会的事実から競合して発生するものであるときでも、選択的併合となるのではなく単純併合となることは前記第2節2や第5節などで説明した。

　共通義務確認の訴えと、特定適格消費者団体が適格消費者団体として提起できる差止請求の訴えとを併合することは許されるかどうかは、法律上明確にされていないが、民事訴訟法上の請求併合要件（民訴法136条）として同種の訴訟手続によるものである以上、許されると解される。

　むしろ、実質的に争点が共通する場合には、両者を併合審理するほうが望ましいといえる。

2　複数の特定適格消費者団体による同一事業者に対する提訴

　複数の特定適格消費者団体が同一の事業者に対して同一の共通義務確認の訴えを並行して訴えている場合には、第1節4で前述したように、法6条5項に基づいて先に係属した裁判所が管轄権を有する。この規定は明示していないが、専属管轄となるという趣旨であろう。従って後から提起された訴訟が別の裁判所に係属していれば、専属管轄違反として先に係属した裁判所に移送される。同一の裁判所に係属している同一の共通義務確認訴訟は、法7条により、併合して審理しなければならない。

　この場合の共同訴訟の審理原則は（類似）必要的共同訴訟として民訴法40条の適用があるものと解される。

　このように、法は同一の共通義務確認の訴えを別訴提起させて、必要的併合により統一的な解決を図るとの設計をしているように見える。しかし、特定適格消費者団体がそれぞれ当事者適格を有し、かつ併合されれば必要的共

同訴訟となるのであれば、別訴提起はできず、一つの団体が提訴した後は共同訴訟参加（民訴法52条）によってのみ他の団体が当事者となりうるとする制度設計もあり得たところである。

3　個別消費者の権利行使との関係

　共通義務確認の訴えは、対象消費者の個別的権利行使を妨げるものではない。しかし共通義務確認の訴えと、これにより認められることとなる対象消費者の権利を個別に訴求するということは、被告事業者側としては実質的に二重の応訴の負担が生じる。また事実上および法律上の原因が重なっていれば、同一の内容を二重に審理することとなる。

　逆に事業者の側が、共通義務確認訴訟に対抗する目的で、個別の消費者に対して債務不存在確認の訴えを提起することも考えられる。この場合は、共通義務確認訴訟の帰趨を待っていた消費者にとって不意打ちともなりうる。

　そこでこうした無駄を省き、弊害を除去するために、共通義務確認訴訟と関連する個別訴訟については、個別訴訟の受訴裁判所が当事者の意見を聴いた上で、その訴訟手続の中止を命じることができる（法62条）と規定された。

　なお、個別の対象消費者は、特定適格消費者団体を補助するために共通義務確認訴訟に補助参加することはできないとされている（法8条）。これは手続の複雑化を避けるためとされている。

第7節　仮差押え

1　仮差押えを認める意義

　共通義務確認の訴えを提起する前またはその係属中、特定適格消費者団体は事業者に対して、仮差押えができるものとされている（法56条以下）。これは民事保全法に基づいて行われるものだが、民事保全法は本案訴訟で実現しようとする権利を保全するためのものである。これに対して共通義務確認

の訴えでは対象消費者の権利そのものを訴訟物とするわけではない。従って、特定適格消費者団体が対象消費者の権利を保全するための仮差押えを申し立てることは、法56条以下の規定によって初めて可能になったということができる。

　このように特定適格消費者団体が仮差押えを利用できることとしたのは、消費者から不当な収益を得た悪質な事業者が、その回復を求める法的手段がなされる前に財産を散逸または隠匿し、結局被害回復が不可能になってしまう事態を防止する必要があると認められたためである。なお、対象消費者の権利が特定適格消費者団体の訴え提起により消滅するわけではないので、対象消費者が自己の債権を保全するため仮差押えをすることは妨げられない（消費者庁・一問一答122頁Q99）。

　仮差押えの申立て、決定、不服申立てなどについて、他の特定適格消費者団体および内閣総理大臣に対する事後的な通知報告義務があり（法78条1項1号）、これを怠ると30万円以下の過料の制裁がある（法99条5号）。

2　被保全権利

　被保全権利は、法56条1項が「特定適格消費者団体が取得する可能性のある債務名義に係る対象債権」としている。そして民事保全法は被保全権利の存在について疎明すべきことを要求している（民保法13条、20条1項）が、消費者裁判手続特例法では「対象債権及び対象消費者の範囲並びに当該特定適格消費者団体が取得する可能性のある債務名義に係る対象債権の総額を明らかにすれば足りる」と規定されている（法56条3項）。

　このように一般の民事保全において要求されている被保全権利の疎明が要求されていないのは、共通義務確認の訴えにおいて対象消費者および対象債権の具体的な特定を前提としていないことによる。

　「対象債権及び対象消費者の範囲並びに当該特定適格消費者団体が取得する可能性のある債務名義に係る対象債権の総額」を明らかにする方法は、PIO-NET情報など様々な資料に基づき、届出が見込まれる対象消費者の数

と一人あたりの債権額を挙げて、その総額を算出することが考えられるとされている（消費者庁・一問一答125頁Q100）。もっとも、共通義務確認の訴えを提起できることが必要なので、多数性、共通性、支配性があることはここでも疎明が必要となる（消費者庁・一問一答123頁Q99）。

3　仮差押えのその他の要件

a. 保全の必要性

仮差押えのためには被保全権利と並んで保全の必要性についても疎明が必要である（民保法13条）。これには特則がないので、対象債権の債務者となるべき事業者の財産状態と散逸のおそれについて、通常どおりの疎明をする必要がある。

b. 担保

また、担保の必要性（民保法14条）も通常と変わりはない。その額は裁判所が決定するが、相当多数の対象消費者の有する対象債権は、その総額が高額になる可能性もあり、従って担保の額も高額になる可能性がある。自己資金の乏しい団体が共通義務確認の訴えを提起するという場面では、担保がネックとなって被害回復のための財産保全が行えない事態も考えられよう。

c. 仮差押え対象物の特定

仮差押えの申立てにおいては対象たる物を特定しなければならない（民保法21条）。財産保全が必要となるような事業者を債務者とする場合に、その財産が容易に特定できないということはあり得る。もっとも、消費者裁判手続特例法特有の問題ではないし、執行制度の機能不全という一般的な問題として対策を考える必要がある。

4　本案の起訴命令

仮差押えは本案に付随してなされる保全措置であるので、本案訴訟の提起が必要とされ、本案の起訴命令と、これに応じない場合は保全取消しとして仮差押えが取り消される（民保法37条）。

消費者裁判手続特例法の下では、被保全権利と共通義務確認の訴えの訴訟物とが異なるので、仮差押えにおける被保全権利に関する本案訴訟の提起ということが考えにくい。そこで、共通義務確認の訴えとその後の簡易確定手続等を本案訴訟の係属とみなす旨の特則（法58条）がおかれている。

　なお、仮差押えを行った特定適格消費者団体は、その後に取得する債務名義に基づく本差押えに移行することができる。しかし他の特定適格消費者団体の取得した債務名義に基づく本差押えには移行できない。

　仮差押えを行った特定適格消費者団体は、個別の対象消費者のために届出債権を平等に扱うことが求められている（法59条）。この規定の解釈は、第3章第3節で見るような債務名義の取得時期が消費者によって異なり得ることとの関係で、問題を残している。

第3章
第二段階　対象債権の確定手続

第1節　簡易確定手続

1　簡易確定手続の開始

a. 制度趣旨

　第二段階として設けられている対象債権の確定手続は、原則として通常の訴訟手続によらない簡易確定手続と、簡易確定手続によって下された裁判所の決定に異議が出された場合の訴訟手続（異議後の訴訟）とによって構成される。

　これは、倒産手続における債権確定手続（例えば破産法101条以下）に類似した構造として制度設計されたものである。

b. 申立義務

　まず共通義務確認判決を得た特定適格消費者団体は、正当な理由がある場合を除き、その判決確定後1ヶ月以内に簡易確定手続の開始を申し立てなければならない（法14条、15条）。共通義務確認訴訟が請求の認諾により終了した場合や共通義務の存在を認める内容の訴訟上の和解によって終了した場合の申立て期間は、認諾や和解により訴訟が終了した時から1ヶ月となる（法15条）。この1ヶ月の期間は不変期間であり、特定適格消費者団体の責に帰することができない事由により期間内に申立てをすることができなかった場合には、その事由が消滅してから2週間以内に限り、開始の申立てをすることができる。申立ての追完を認めたものだが、原則規定の民事訴訟法97条の1週間よりも長い。

　この申立ての際に法22条所定の通知公告費用を予納しなければならない

（法17条）。

　この申立てをした団体は、法律上、簡易確定手続申立団体と呼ばれる。

　申立義務が生じない「正当な理由」とは、複数の特定適格消費者団体が申立て適格を有する場合に、他の団体が既に申立てをしているときが考えられている（消費者庁・一問一答63頁Q4（9））。

　正当な理由がないのに簡易確定手続の開始申立てを怠った場合には、法97条に基づく100万円以下の過料の制裁がある。また開始申立てをしたことは、他の特定適格消費者団体および内閣総理大臣に対する事後的な通知報告義務の対象である（法78条1項8号）。そしてこの通知を怠れば、30万円以下の過料の制裁がある（法99条5号）。

c. 申立てに対する裁判

　適法な申立てを受けた裁判所は、「対象債権及び対象消費者の範囲を記載した決定書」により簡易確定手続の開始を決定する（法19条・20条）。

　また、これと同時に簡易確定手続申立団体が裁判所に債権届出をする期間と、相手方がその債権届出に認否をする期間とを定め（法21条）、その旨を公告し、簡易確定手続申立団体と相手方に通知する（法22条）。

　これらの期間は延長されることもある。

　簡易確定手続開始決定があったことは、他の特定適格消費者団体および内閣総理大臣に対する事後的な通知報告義務の対象である（法78条1項8号）。そしてこの通知を怠れば、30万円以下の過料の制裁がある（法99条5号）。

d. 申立ての取下げ

　簡易確定手続開始申立ての取下げは、裁判所の許可が必要とされている（法18条1項）。

　この許可がなされる場合としては、例えば相手方が既に破産してしまったという場合など、手続の継続が意味を持たない場合に限られるという（消費者庁・一問一答64頁Q50）。

　取下げの効果は、民訴法262条1項の準用により初めから係属していなかったものとみなされる。従って、既に届出債権が認否されたり簡易確定決定

が下されたりした後にあっても、取下げがなされれば、それらの効力が失われることとなる。しかしそうだとすると、相手方事業者が破産したという場合に安易に手続を取り下げれば、確定した届出消費者表により確定判決と同一の効力を有するものとされた対象債権について、有名義債権（破産法129条など参照）となるはずの地位が取下げにより失われることとなる。そこで、これらを避けるためには、取下げによる終了ではなく、遡及的に手続の効果が覆滅されない手続の終了が必要と考えられる。簡易確定手続の取下げではなく、債権届出の取下げによることも考えられるが、その場合には消滅時効の中断効が消滅する点が問題となる。この点については、後述5で検討する。

なお、簡易確定手続開始申立ての取下げは他の特定適格消費者団体および内閣総理大臣に対する通知・報告義務の対象であり（法78条1項8号）、この通知・報告を怠れば、30万円以下の過料の制裁がある（法99条5号）。

2　対象消費者への通知・公告

a. 申立団体による通知公告と相手方による公表

開始決定を受けると、簡易確定手続申立団体は、対象消費者に対する通知と公告により、対象債権に関する授権を募る（法25条・法26条）。

(1) 通知

通知の具体的方法は、知れている対象消費者に対し、書面または電磁的方法、すなわちインターネットの電子メールなどを用いて、個別通知をする。この電磁的方法については内閣府令が予定されている。通知の内容は、法25条1項各号に、以下のとおり定められている。

一	被害回復裁判手続の概要及び事案の内容
二	共通義務確認訴訟の確定判決の内容（請求の認諾がされた場合には、その内容）
三	対象債権及び対象消費者の範囲
四	簡易確定手続申立団体の名称及び住所

> 五　簡易確定手続申立団体が支払を受ける報酬又は費用がある場合には、その額又は算定方法、支払方法その他必要な事項
> 六　対象消費者が簡易確定手続申立団体に対して第31条第1項の授権をする方法及び期間
> 七　その他内閣府令で定める事項

　この通知は届出期間の末日の1ヶ月前までにしなければならないとされているので、対象消費者が通知を受け取ってから内容を吟味し、申立団体に授権を行い、申立団体がその授権を取りまとめて債権届出をするまで1ヶ月しかない場合も考えられることになる。従って、通知の段階で授権と債権届出に必要な資料・文書等を可能な限り対象消費者に知らしめ、授権契約書のひな形などはその段階で交付し、必要事項を記入した文書と必要な資料を返送すればよいだけとするのが理想的だが、そのような一往復の連絡で済む案件は稀であろう。

　多くの場合は、通知を受けた対象消費者から問い合わせがあり、その段階で口頭または書面による説明が複数回なされる必要があり、さらに授権契約を締結するに際して前払費用がある場合はその授受があり、場合により授権契約に必要な文書および資料の不足のための口頭または文書によるやりとりが複数回必要となることが想定される。

　可能な限り早期の通知が必要であることは言うまでもないが、簡易確定申立団体が対象消費者の情報（氏名・住所または連絡先）を十分に把握していることは稀であることを考えると、個別通知を行うまでに情報収集のためにある程度の時間がかかるであろう。

　なお、この通知義務は「正当な理由がある場合を除き」との留保が付せられている。正当な理由としては、住所等の連絡先情報が不完全で通知できない場合が差し当たり考えられる。また、申立団体が二つある場合は、一つの団体が通知すれば足りる。

　正当な理由がないのに、この通知を怠れば、50万円以下の過料の制裁が

ある（法98条1号）。また、この通知をしたことは他の特定適格消費者団体および内閣総理大臣に対する通知報告義務の対象であり（法78条1項10号）、この通知・報告を怠れば、30万円以下の過料の制裁がある（法99条5号）。

(2) 公告

個別の通知と並んで、申立団体は上記の事項を公告しなければならない（法26条）。

この公告も申立団体が複数ある場合は一つの団体が行えば足りる。また公告をすべき期間も通知と同様に、届出期間の末日の1ヶ月前までとされている。ただし、公告を見て問い合わせがされるであろうから、個別通知の場合と同様に可能な限り早くすべきことは当然である。

公告した内容が事情により変更された場合には、相当な方法で申立団体が変更された内容を公告するとともに、それが申立団体の名称および住所に関してであれば、裁判所および相手方にその旨を通知し、裁判所において官報に掲載してその旨の公告を行う。

これらの通知、公告の義務を怠れば50万円以下の過料の制裁がある（法98条1号および2号）。

(3) 相手方による公表

相手方も簡易確定手続申立団体の求めに応じて、法22条1項各号に掲げられた事項について、公表しなければならない（法27条）。

その具体的方法は、「インターネットの利用、営業所その他の場所において公衆に見やすいように掲示する方法その他これらに類する方法」と規定されている。多くの場合は事業者のウェブページに掲載するとともに、公衆が出入りする店舗などにポスターを張り出すという方法で行われることであろう。

ウェブページでの掲載が事業者の一般向けトップページに掲載されれば効果はそれなりに期待できるが、これを必要とする規定はない。

どのような方法で公表するかは事業者の選択に委ねられるとされている（消費者庁・一問一答74頁Q59）。もっとも、「公衆に見やすい」ような方法を

あえて採らない場合には、それにより消費者や簡易確定手続開始申立団体に損害が生じたと認められる限り、損害賠償責任が生じることもあると考えられよう。

b. 相手方の情報開示義務

(1) 対象消費者の情報開示

　相手方事業者は、対象消費者に関する情報を開示する義務を負う（法28条）。対象消費者に関する情報とは、その氏名および住所または連絡先であり、これを記載した文書または電磁的記録を所持している場合は、これを簡易確定手続申立団体の求めに応じて開示しなければならない。ただし、開示すべき文書の範囲を特定するために不相当な費用または時間を要するときは開示しなくとも良いとされている。この理由による不開示の濫用が懸念されるところである。

　加えて開示は開示対象文書の写しを交付することにより行われ、電磁的記録の場合はプリントアウトの交付か電磁的記録自体の電子メール等による提供によって行われる。申立団体の便宜を考えれば、電子メールによる電磁的記録の送信を原則とすべきである。

(2) 情報開示命令

　この情報開示を怠れば、裁判所による情報開示命令が用意されている（法29条）。

　すなわち、簡易確定手続申立団体が届出期間中に裁判所に対して、相手方事業者が対象消費者に関する情報を文書等の交付・提供によって開示すべき旨の命令を申し立てて、裁判所が相手方事業者を審尋した上で、理由ありと認めたときは情報開示命令を発する。これには相手方事業者が即時抗告により争うこともでき、また執行力もないが、正当な理由なく情報開示命令に従わないときは30万円以下の過料の制裁が規定されている（法29条7項）。

　情報開示は、対象消費者について具体的な情報を得ていると考えられる相手方事業者が誠実に実行することが望まれる。しかし例えば事業者の下で、一部は開示したものの、一部は対象消費者ではないとの理由で開示を差し控

えるというような対応をすれば、明らかに不自然な場合を除き、申立団体側で開示されるべき情報がまだあることを示して開示を求めるということは困難である。

3 授権

a. 授権の意義

　簡易確定手続において対象消費者が自己の権利を実現するためには、簡易確定手続申立団体に対して対象債権に関する授権をしなければならない（法31条）。この授権とは、簡易確定手続申立団体が対象消費者に対して手続の概要を説明した上で、対象消費者の権利を実現するために簡易確定手続を追行することを内容として締結される契約（法32条、33条）である。これは任意的訴訟担当（例えば民訴法30条の選定当事者）における訴訟追行権の授与契約と同性質のもので、民法上の委任契約の一種であるとともに、訴訟（裁判手続）追行権を付与する効果を持つ訴訟行為でもある。従って、訴訟能力が必要と考えられる。

　なお、授権した対象消費者は、いつでもその授権を取り消すことができ（法31条3項）、授権が取り消された場合には債権届出が取り下げられたものとみなされる（同条9項）。ただし、授権の取消しは団体または消費者がその旨を相手方に通知しなければ、効力を生じないとされている（同条4項）。

b. 授権契約の内容

　授権契約は、対象消費者が費用・報酬の支払いを約すると共に、簡易確定手続の追行権限を団体に授与する一方、簡易確定手続開始申立団体は、対象消費者のために、その手続を善良な管理者の注意をもって追行する義務を負う（法34条2項）。

　この善管注意義務に反するとされる場合とは、団体が債権届出を怠ること、対象消費者の証拠書類を紛失すること、相手方から受領した対象消費者に帰属する金銭を費消するなど失ってしまうこと、または対象消費者への説明が不十分で、その権利行使を抑制するような内容の和解をしてしまうことなど

が考えられるとされている（消費者庁・一問一答94頁Q78）。

c. 授権契約に関する団体の義務

簡易確定手続開始申立団体は、授権契約を結ぶ前に、対象消費者に対する説明義務を負う（法32条）。ここでの説明の内容は、被害回復裁判手続の概要と、事案の内容、その他内閣府令で定める事項であり、簡易確定手続開始決定後に団体が行うべき通知の内容と同じ内容が想定されている（消費者庁・一問一答90頁Q74）。説明の方法は、書面または電磁的記録の提供に加えて、口頭での質疑が可能な形態でなされる。

また、簡易確定手続開始申立団体は、やむを得ない場合のほかは、授権を拒むことができないし、授権契約を解除することも、同様にやむを得ない場合を除いてはできない（法33条）。この締約義務は、対象消費者の権利の実現を簡易確定手続申立団体による手続遂行に一本化したため、対象消費者の手続保障を図るためとされる（消費者庁・一問一答91頁Q75）。そしてやむを得ない場合とは、対象消費者が授権契約に必要な書類を提出しなかったり、簡易確定手続開始申立団体が定める費用・報酬の負担を拒んだ場合などが考えられるが、団体において対象債権の存在が認められないと判断した場合はこれに当たらないとされている（消費者庁・一問一答92頁Q76）。

この点について、対象債権の存在を証するのに必要な、例えば契約書や領収書といった証拠書類を提出しない場合は、必要な書類の不提出に当たるのか、対象債権の存在が認められないと判断する場合に当たるのか疑問が生じる。もっとも証拠書類がなくとも、相手方が認否において認めるという対応をすることはあり得るので、授権を拒むことはできないと解すべきであろう。これに対して、例えば消費者の特定に必要な書類の提出を求めたのに、これを提出しないという場合には、授権契約の当事者や簡易確定決定の効力が及ぶ範囲を確定できないということにもなるので、授権契約の締結を拒むやむを得ない場合に当たると解すべきである。

これらの授権契約締結拒否および授権契約解除をやむを得ない理由がないのにした場合には、100万円以下の過料の制裁がある（法97条2号および3

号)。

さらに、簡易確定手続申立団体は公平誠実義務等を負う(法34条)。これは相手方の資力が十分であれば、恣意的に一部の消費者を不利益に扱うなどの場合に限って義務違反が問題となるであろう。ただし、一部の消費者と簡易確定手続開始申立団体の構成員とが感情的に対立したり、あるいは一部の消費者の対象債権が認められないとの判断がある場合などには、対象消費者の側から公平誠実さに欠けるとの批判を受けることもあり得る。この他、一部の消費者が遠隔地にあって連絡が適時にできないという場合や、一部の消費者が外国人で日本語によるコミュニケーションが十分取れないという場合に、適切なケアを心がけないと、結果的に不公平なことになる可能性がある。

相手方の資力が十分でない場合には、この公平誠実義務の履行が困難となる状況も想像される。この点は第3節3で検討する。

4　簡易確定手続の進行

a. 債権届出

簡易確定手続申立団体は、授権された対象債権を取りまとめた債権届出書を作成し、これを届出期間内に裁判所に提出する(法30条)。債権届出書を提出した簡易確定手続申立団体は、債権届出団体と呼ばれる。

この債権届出により、対象債権は時効中断に関して共通義務確認訴訟の提起時点に遡って民法147条の請求があったものとされる(法38条)。

適法な債権届出書の提出を受けた裁判所は、遅滞なくこれを相手方に送達する(法35条)。

また書記官は、債権届出の内容をまとめて届出消費者表を作成する(法41条)。

不適法な債権届出、または届出書の送達に必要な費用の予納がないときは、債権届出却下決定が下され、これには即時抗告をすることができる(法36条)。

債権届出の内容は、届出期間内に限り変更することができる(法39条)。

また債権届出の取下げは、簡易確定決定に対する適法な異議の申立てがあるまで、することができる。ただし、簡易確定決定があった後は、相手方の同意が必要となる。債権届出の取下げは原則として書面により行い、その取下げがあった部分は初めから係属していなかったものとみなされる（法40条2項による民訴法261条3項および262条1項の準用）。

b. 相手方の認否

　これに対して相手方は、認否期間内に、届出債権ごとの認否をする。認否をしなければ、全部認めたものとされる（法42条2項）。

　認否の内容は届出消費者表に記載され、その全部を認められた届出債権については、届出消費者表の記載が確定判決と同一の効力を持ち、強制執行も可能となる（法42条）。

　この認否、特に届出債権の全部または一部を認めないとの認否については、その理由を記述することが求められる。というのも、認否期間の末日から1ヵ月の不変期間内に、次に述べる認否を争う申出を債権届出団体がすることができるところ、争うべきかどうかを判断するには消費者との協議が必要と解されており（消費者庁・一問一答101頁Q83）、その協議にも相手方の認めないとする理由の吟味が必要だからである。簡易確定手続にも信義誠実の原則（民訴法2条）が準用されていること（法50条）が、その根拠となる。

　なお、一部を認めるとの認否や、認否の理由として述べた事実は、認否を争う申出により効力を失うので、簡易確定決定の審理や異議後の訴訟における審理において自白などの拘束力は生じないと解されている（消費者庁・一問一答99頁Q82）。

c. 認否を争う申出

　届出債権のうち相手方が認めなかったものについては、債権届出団体が認否を争う旨の申出を裁判所に対してすることができる（法43条）。

　適法な認否を争う旨の申出がなければ、届出債権の内容はその認否の内容により確定する（法47条）。同条は、これによって強制執行をすることができる旨の規定をおいている。このことは、届出債権の一部を認める認否がな

d. 簡易確定決定

適法な認否を争う旨の申出がなされた場合、裁判所は、簡略化された審理を経て、決定により届出債権の存否を判断する。これを簡易確定決定という。

審理は、当事者双方を審尋し、証拠調べも行う。証拠方法は書証に限られる（法45条1項）ので、書証申出としての文書送付嘱託申立てや文書提出命令申立てが可能かどうかが問題となるが、前者については特段の制限がない一方、後者については、手続の遅延の可能性を顧慮して、文書提出命令申立てはできない旨の規定がおかれている（同条2項）。なお、証拠制限は職権調査事項には適用されない（同条3項）。

その上で、裁判所は簡易確定決定をする（法44条）。簡易確定決定は、届出債権の支払いを命じる決定と、棄却決定とがあり得る。届出債権支払命令の場合は、仮執行宣言を付けることもできる（同条4項）。

この簡易確定決定に対して、1か月の期間内に適法な異議申立てがなければ、確定判決と同一の効力を生じる（法46条6項）。簡易確定決定は、共通義務確認判決で認められた義務に関する事実上および法律上の原因を前提とした請求原因に対しての判断であるから、その効力もその範囲でしか生ぜず、例えば請求棄却決定に確定判決と同一の効力が生じた場合、既判力が及ぶ範囲は共通義務確認判決で認められた義務の前提となる事実上および法律上の原因を前提にした請求権に限られる。従って、例えば不当利得返還請求権について、不実告知を理由とする取消しに基づく請求が棄却されたとしても、同一の訴訟物と観念される不当利得返還請求権で詐欺や解除を理由とするものは遮断されず、別訴提起が可能と解されている（消費者庁・一問一答106頁Q86）。既判力の範囲の考え方として興味深い。

e. 異議

簡易確定決定に対する異議は、当事者、すなわち債権届出団体および相手方のほか、届出消費者も申し立てることができる（法46条1項・2項）。

債権届出団体または相手方が異議を申し立てた場合は、債権届出団体を原

告として、届出書を訴状とする訴えが簡易確定決定をした裁判所に提起されたものとみなされる（法52条）。

ただし、届出消費者自身が異議を申し立てたときは、その届出消費者が原告となる（同条）。これらを異議後の訴訟と呼ぶ。

f. 共通義務確認訴訟の再審による判決取消と簡易確定手続

簡易確定手続が係属している間に、その前提となる共通義務確認判決が再審により取り消された場合には、係属裁判所は決定で債権届出を却下する（法63条）。このことは異議後の訴訟が係属している場合も同様で、共通義務確認判決を前提とする部分についての訴えを却下することとなる。

g. 簡易確定手続中の和解

簡易確定手続において、債権届出団体と相手方との間で対象債権に関する和解をすることは認められている（法37条）。このことは、債権届出団体が受けた授権が届出債権に関する処分権も含まれていることを意味する。ただし、言うまでもなく授権した消費者に対する善管注意義務および公平誠実義務に違反しない限りにおいてであり、相手方と通謀して消費者に不利な内容の和解をした場合は特定認定の取消処分を受ける（法86条2項1号）。

5 簡易確定手続中の破産手続開始決定

a. 相手方の破産

簡易確定手続の係属中に相手方が破産すると、破産法44条1項の規定に基づき、手続は中断する。この場合は訴訟代理人が選任されている場合に中断しないとの規定（民訴法124条2項）の適用はない。

通常の金銭支払請求訴訟が被告の破産手続開始決定により中断した場合、個別の権利行使が禁止される（破産法100条1項）結果、原告が破産手続において債権届出を行い、それについての調査確定手続が行われる（同法115条以下）。破産債権の調査において管財人または他の債権者から異議が述べられなければ、届け出られた破産債権は確定し、中断した訴訟は終了する。異議が述べられた場合は、破産債権査定手続が行われ、その査定決定に異議が

ある場合には、破産債権者が破産管財人などの異議者全員を相手方として中断中の破産債権に関する訴訟の受継を申し立てる（同法127条1項）。査定の対象たる破産債権に執行力ある債務名義または終局判決がある場合には、管財人または他の破産債権者が、その中断中の訴訟の受継を申し立てる（同法129条2項）。

これに対して簡易確定手続の係属中に相手方が破産して中断したという場合には、どのように解すべきか。消費者庁・一問一答Q87（107頁）では、各消費者が破産法の手続に基づいて個別に債権届出を行うべきで、債権届出団体には、特定適格消費者団体の被害回復裁判手続に関する業務（法65条1項1号）に含まれないため、まとめて債権届出をする権限がないとされている。

そして、債権届出団体は、簡易確定手続を続ける実益がないので、手続開始申立てを取り下げる（法18条）か、または既に債権届出をして認否がないなどの理由で届出債権の一部が確定している場合には、それ以外の未確定の債権について債権届出を取り下げる（法40条）ものとされている（消費者庁・一問一答107頁Q87）。

異議後の訴訟が係属している段階でも、ほぼ同様に解され、異議後の訴訟が中断すること、破産手続の中で対象消費者自らが債権届出を行い、その査定決定に異議があれば、届出消費者が異議者を相手に受継を申し立てるものとされている（消費者庁・一問一答121頁Q98）。

しかしながら、このように解することにはいくつか疑問がある。まず、特定適格消費者団体には破産手続における対象債権をまとめて破産債権として届出する権限がないという点だが、債権届出団体には授権された債権についての弁済受領権限があり（消費者庁・一問一答86頁Q71）、執行手続の追行権も改めて授権を受けることなく認められている（法42条5項、47条2項、消費者庁・一問一答135頁Q106）。他方、破産手続は総括執行手続との性格を有するのであるから、明文で除外されない限り、団体の受けた授権の効力として破産手続への参加、すなわち破産債権届出をする権限を有すると解するこ

とができる。

　また、そもそも中断中の手続において、取下げができるのかという問題もある。

　仮に取下げができるとしても、簡易確定手続における開始申立てを取り下げ、または未確定の債権届出を取り下げた場合、届出債権が享受する時効中断効（法38条）が失われることとなる。共通義務確認の訴えの提起時点で裁判上の請求があったものとされる効果はかなり多くの対象債権に関係するものと思われるが、その効果が相手方の破産という事態により喪失させられるとするのは相当ではない。

　さらに、時効中断効の保存が必要ない場合でも、共通義務確認判決の確定により生じた共通義務の存在に関する既判力は、簡易確定手続における債権届出をした消費者であるからこそ主張できる。簡易確定手続開始申立てや債権届出を取り下げて、消費者が個々に破産債権届出をすることになれば共通義務確認の確定判決に基づく既判力も主張できないことになる。

　そこで、私見としては、少なくとも債権届出団体にはその届出債権について一括して破産債権届出をする権限を認めるべきであると考える。破産債権調査手続において異議がでなければ確定して配当を受けられるのでかえって簡便である。届出債権の消費者自身が債権届出団体による一括破産債権届出を望まないのであれば、何時でも授権を取り消すことで脱退することができるので、問題はない。

　また債権届出団体の届け出た破産債権について、異議が述べられ、破産債権査定決定にも異議が述べられた場合は、本来であれば中断中の簡易確定手続の受継を申し立てることが考えられるが、破産債権査定手続と簡易確定手続の2つの簡略化された手続を重ねるのは審理の無駄である。そこで、法52条を類推適用し、破産債権査定決定をもって簡易確定決定とみなし、これに対する異議により異議後の訴訟提起が擬制されたものと解して、これに対する受継を申し立てるものとすることが考えられる。この場合、届出消費者自身が訴訟追行するか、団体が訴訟追行するのかは、届出消費者が団体に

授権するかどうかよって決せられる。

b. 特定適格消費者団体の破産

簡易確定手続の係属中に特定適格消費者団体が破産手続開始決定を受けた場合も、簡易確定手続の中断・受継が問題となる。

特定適格消費者団体は特定非営利活動法人または一般社団法人もしくは一般財団法人であるところ、それぞれの法人解散事由に破産手続開始決定が挙げられている。特定適格消費者団体が解散した場合は、適格消費者団体としての認定も失効し、特定適格消費者団体としての認定も失効する（消費者契約法22条4号、21条1号、法74条1項5号）。

その結果、内閣総理大臣は被害回復裁判手続が係属している場合にはその手続が係属している裁判所に書面で特定認定失効の事実を通知する（法74条2項）。そして、被害回復裁判手続を受け継ぐべき特定適格消費者団体を指定する。従って中断した簡易確定手続は、この指定を受けた特定適格消費者団体が、届出消費者から授権を受けた上で、受継することとなる（法61条1項）。

なお、訴訟代理人がある場合には、中断・受継は生じない（同条2項）。

c. 授権した消費者の破産

届出消費者が破産手続開始決定を受けた場合も、簡易確定手続の帰趨が問題となる。というのも、債権届出団体は、届出消費者の権利を自らの名で裁判手続上行使している、いわゆる訴訟担当者と同様の裁判手続担当者と理解される。そして権利主体である届出消費者が破産手続開始決定を受ければ、その管理処分権は破産管財人に専属することとなり、訴訟担当者による訴訟追行権の基礎が失われると解する余地があるからである。

他の訴訟担当の事例で、債権者代位訴訟（民法423条）の場合には、破産法に明文規定がおかれており、代位された債務者が破産手続開始決定を受けた場合には中断して管財人が受継すること、受継後に破産手続が終了した場合は元の代位債権者が再び受継すること、受継前に破産手続が終了した場合は代位債権者が当然受継することとされている（破産法45条）。

これと類似する訴訟担当の事例で、株主が提起する責任追及の訴え（会社法847条3項、5項）についても、会社の破産手続開始決定により中断し、管財人に受継されるとの解釈が判例通説となっている。

　そこで、これを類推するならば、届出消費者が破産した場合でも、同時廃止となれば、なお債権届出団体が当然承継して簡易確定手続の追行に当たることができると解される。しかし届出消費者の破産が管財事件となった場合には、届出消費者自身が当事者となりえない簡易確定手続では管財人が受継することは考えられないので、債権届出団体に改めて授権することで、中断中の簡易確定手続を受継させるか、または授権しないことで、法31条6項に従い、債権届出が取下げられたものとして当該債権に関する手続を終了させることとなろう。これに対して異議後の訴訟の係属中は、その授権を管財人が改めて債権届出団体にしない場合、届出消費者に代わって管財人が受継することになる。

6　簡易確定手続への民事訴訟法の準用

　法50条は、簡易確定手続に民事訴訟法の多くの条項の準用があることを定めている。以下、その準用されている条文をまとめてみる。

民訴法条項	規定の内容
2条	裁判所の公正迅速義務および当事者の信義則
14条	管轄に関する職権証拠調べ
16条	管轄違いの場合の移送
21条	移送決定および移送申立て決定に対する即時抗告
22条	移送の裁判の拘束力
第1編　第2章第3節	裁判所職員の除斥および忌避
第3章	当事者 ただし30条（選定当事者）、40条から49条まで（必要的共同訴訟、同時審判申出訴訟、補助参加、独立当事者参加、訴訟脱退、権利承継

	人の訴訟参加)、52条（共同訴訟参加）、53条（訴訟告知）を除く
第5章	訴訟手続 ただし87条（口頭弁論の必要）、第2節（専門委員および知財事件の調査官）、116条（判決の確定時期）、118条（外国裁判所の確定判決の効力）を除く
第7章	電子情報処理組織による申立て
第2編第1章	第一審訴訟手続に関する訴え ただし133条（訴え提起の方式）、134条（証書真否確認の訴え）、137条2項および3項（裁判長の訴状却下命令およびその即時抗告）、138条1項（訴状送達）、139条（口頭弁論期日の指定）、140条（口頭弁論を経ない訴えの却下）、143条から146条まで（訴えの変更、選定者に係る請求の追加、中間確認の訴え、反訴）を除く
第3章	口頭弁論およびその準備 ただし156条の2（審理計画が定められている場合の攻撃防御方法の提出期間）、157条の2（審理計画が定められている場合の攻撃防御方法の却下）、158条（訴状等陳述擬制）、159条3項（口頭弁論期日に出頭しない当事者の擬制自白準用）、161条3項（相手方不在廷における主張制限）、第3節（争点および証拠の整理手続）を除く
第4章	証拠 ただし第7節（証拠保全）を除く
第5章	判決 ただし245条（中間判決）、249条から252条まで（直接主義、判決言渡し）、253条2項（判決書の事実記載）、254条（調書判決）、255条（判決書等の送達）、258条2項から4項まで（裁判の脱漏における訴訟費用の裁判）、259条1項および2項（仮執行宣言）を除く
第6章	裁判によらない訴訟の完結 ただし261条から263条まで（訴えの取下げ）、266条（請求の放棄・認諾）を除く
第3編第3章	抗告
第4編	再審
第8編	執行停止 ただし403条1項2号（上告提起または上告受理申立てがあった場合の執行停止）、4号から6号まで（手形小切手訴訟および117条の

判決変更の訴えにおける執行停止）を除く。

第2節　異議後の訴訟

1　訴え提起

a.　訴え提起の擬制

　異議後の訴訟は、簡易確定決定に対して適法な異議の申立てがあると、その訴えの提起があったものとみなされる。

　その場合の訴訟物は簡易確定決定の対象となった届出債権の存否であり、係属する裁判所は簡易確定決定をした地方裁判所、訴え提起の時はその債権届出の時である（法52条1項前段）。簡易確定決定の相手方事業者を被告とし、届出債権にかかる請求権の確認ではなく給付を求める訴えとなる。

　そして債権届出書が訴状と、法35条に基づいて債権届出書が相手方事業者に送達されたことをもって訴状の送達と、みなされる（法52条1項後段）。

　訴え提起の手数料については、債権届出の際の手数料（一個の債権について一律1000円）を控除して、債権届出団体が追納する。ただし、対象消費者自身が異議を申し立てた場合は、その消費者が手数料も納付しなければならない（民訴費用法3条2項3号）。

b.　異議後の訴訟の当事者および審判の範囲

(1)　簡易確定決定が対象債権の請求を棄却する内容であった場合

　この場合は、債権届出団体または届出消費者自身が異議を申し立てることとなる（法46条1項または2項）。事業者の主張が全面的に認められた以上、事業者側には異議の利益がない。

　届出消費者自身が異議を申し立てた場合は、届出消費者と事業者との個別訴訟となるので、以後は特定適格消費者団体の手を離れる。この場合、債権届出書が訴状とみなされるが、当事者は届出消費者自身となる（法52条1

項）。

　これに対して債権届出団体が異議を申し立てた場合は、当該団体が原告となる。この場合の債権届出団体の訴訟追行権は届出消費者の権利を自らの名で訴訟上行使する訴訟担当者となるので、当該団体の訴訟追行には届出消費者の授権が必要となる（法53条1項）。

　ただし、債権届出団体が異議を申し立てた場合でも、届出消費者は授権契約締結を拒み、またはこれを取り消すことができる（法53条8項による法31条3項の準用）。この場合、債権届出団体は訴訟追行権を失うので、中断・受継の手続により届出消費者が原告となる（法53条9項による民事訴訟法124条の準用）。

(2)　簡易確定決定が対象債権の請求を認容する内容であった場合

　この場合には、事業者が異議を申し立てることとなる。債権届出団体および届出消費者には異議申立ての利益がない。

　そして、この場合の異議後の訴訟は債権届出団体が訴訟担当者としての原告となり、被告は事業者となる。審判の範囲も簡易確定決定の対象となった届出債権の全体についてである。

　異議後の訴訟追行にも届出消費者の債権届出団体に対する授権が必要であるが、授権を拒むことができること、および授権の取消しが可能であり、いずれも中断・受継の手続により届出消費者自身が原告となることは、上記と同様である。

(3)　簡易確定決定が対象債権の一部認容・一部棄却決定であった場合

　この場合は、債権届出団体、届出消費者および相手方事業者のいずれもが異議申立てをする利益がある。

　そして、当事者は、届出消費者自らが異議を申し立てた場合のみ届出消費者が原告となるが、それ以外は債権届出団体が原告となり、相手方事業者が被告となる。異議後の訴訟係属中に届出消費者が授権を取り消した場合の処理は、上記と同様である。

　この場合、審判の範囲が簡易確定決定の対象となった届出債権の全体に及

ぶのか、それとも異議を申し立てた者の不服の範囲にとどまるのかは必ずしも明らかではない。例えば、100万円の届出債権について70万円の限度で請求を認める簡易確定決定に事業者側が異議を述べた場合、異議後の訴訟の審判の範囲は70万円の限度なのか、それとも100万円全体に及ぶかという問題である。手形小切手訴訟における異議（民訴法357条）は、異議不可分の原則により不服の限度には限らずに手形小切手訴訟の訴訟物全体が審判の範囲に含まれると解する立場が通説である。ここでも、いずれかの当事者が異議を述べたら、届出債権のうち簡易確定決定の対象となった部分の全体が審理判断されると解する。従って、100万円の届出債権について70万円の限度で請求を認容した決定に事業者が異議を述べた場合、異議後の訴訟では、100万円の届出債権の存否が審理判断され、結果的に異議を述べた事業者に不利な、100万円の債権を認めて支払いを命じる判決を下すこともありうる。

2　対象消費者の授権

a. 2つの授権

　法53条は異議後の訴訟追行に届出消費者の授権が必要と規定しているが、法31条では債権届出および簡易確定手続の追行に届出消費者の授権が必要と規定している。この2つの「授権」の関係は必ずしも明らかではない。解釈の可能性としては以下の3通りが考えられる。

① 法31条の授権は、特に留保をつけない限り、当然に法53条の授権が含まれる。
② 法31条の授権は、特に留保をつけない限り、異議申立ての授権は含まれるが、異議後の訴訟追行のための授権は含まれない。
③ 法31条の授権は、簡易確定決定まで手続追行権を授与するもので、異議申立てには法53条の授権が必要となる。

　さらに、これらのバリエーションとして、法31条の授権契約において法53条の授権をあわせてすること、あるいは逆に法31条の授権契約において異議申立てまたは異議後の訴訟追行に関する授権を排除しておくことは、可

能かという問題もある。

　法規定上は、法31条の授権契約締結を拒める事由が「やむを得ない理由があるとき」（法33条1項）とされているのに対して、法53条の授権は正当な理由があるときに拒むことができるとされている（同条4項）。また法31条により授権した債権届出団体とは異なる特定適格消費者団体に授権することを原則として禁止する規定（同条2項）がおかれているところからも、上記①の解釈は法文に合致しない。

　もっとも異議申立ては、それ自体異議後の訴訟の追行ではないし、異議申立期間は簡易確定決定の送達から1ヶ月の不変期間内と短いので、異議申立てのためにも新たな授権契約締結が必要と解することは困難を強いることとなる。事業者側の異議により債権届出団体は当然に原告となるとされていることも、異議申立て自体に授権が必要と解する上記解釈③とは整合しない。

　従って、上記のうち②が解釈として妥当である。このように解しても、法31条の授権契約において異議後の訴訟追行権をあらかじめ団体に付与しておくことは、当事者の自由に委ねられてよい。法は授権の取消しを広範に認めているので、届出消費者にとって不利益はないからである。

　なお、債権届出団体が授権契約締結を拒むことができる正当な理由とは何かが問題となる。これは、例えば届出消費者が実費や手数料などの支払いに応じなかったり、授権契約書の作成に協力しなかったという、法33条の「やむを得ない理由」よりは広く、届出消費者が異議申立てを求めていても団体が簡易確定決定の結論を妥当と考えて異議は申し立てるべきでないと考えた場合や、届出消費者と団体との意見の相違などで信頼関係を維持できなくなったような場合などが考えられる（消費者庁・一問一答115頁Q93）。

　この正当な理由がないのに授権契約締結を拒み、または解除した場合には、30万円以下の過料の制裁がある（法99条1号および2号）。

b. 授権を欠くとき

　法53条9項は、異議後の訴訟において債権届出団体が訴訟追行に必要な授権を欠くときに、民事訴訟法58条2項ならびに124条1項および2項の

規定は準用されると定めている。従って、債権届出団体が原告となった異議後の訴訟係属中に、その授権が欠けるに至った場合は、訴訟代理人がいる場合を除き、訴訟は中断し、届出消費者が受継することとなる。

授権を欠くに至る場合とは、債権届出団体または相手方事業者が簡易確定決定に異議を述べて訴訟が係属した場合に、届出消費者が債権届出団体との授権契約を拒んだときが考えられる。また、届出消費者が一旦授権した後に、これを取り消した場合や、債権届出団体からこれを解除した場合も同様である（消費者庁・一問一答116頁Q94）。

3　異議後の訴訟の特則

異議後の訴訟は、基本的に一般の民事訴訟と同じ訴訟ルールに従って進行する。しかしながら、いくつかの特則が規定されている。

まず、訴えの変更は届出消費者と請求額の変更を内容とするものに限って認められている（法54条1項）。従って、債権届出において不当利得に基づく返還請求権を債権とした場合は、これを訴訟物の異なる損害賠償請求権などに変更することは許されない。しかし同じ不当利得返還請求権の中であれば、例えば不実告知を理由とする取消しにより生じた不当利得返還請求権の主張を、詐欺取消しや解除による不当利得返還請求権の主張に変更したり選択的に追加するということは許されることになる。同様に、被害回復裁判手続の対象とならない拡大損害などについての賠償請求を追加することもできず、届出消費者が人身損害などの賠償を求めるには別訴提起によるほかはないと解されている（消費者庁・一問一答119頁Q96）。

また、明文で届出消費者の変更が認められているが、これは当該消費者に権利承継があった場合を念頭に置くものであろう。請求額の変更については、少なくとも付帯請求が増額されることは当然だが、それ以外に対象債権の金額を変更することも可能と解される。

逆に、反訴は許されない（同条2項）。

ただし、通常の訴訟手続であるから、例えば他の訴訟手続との弁論の併合

をすることや、相殺の抗弁を提出することなどは許されるものと解されている（消費者庁・一問一答120頁Q97、117頁Q95など参照）。そうだとすると、届出消費者が別訴提起した人身損害賠償請求や拡大損害賠償請求の訴訟と、異議後の訴訟とを併合審理することも可能となる。しかしその場合、債権届出書を訴状とみなす請求部分と併合された拡大損害等の請求部分とでは、前者にのみ共通義務確認訴訟の共通義務を認めるとの判決の既判力を前提に判断し、後者はそうした既判力を受けず、責任原因の審理から行わなければならないということとなり、場合により不都合も生じる可能性はあろう。

異議後の訴訟は、通常の訴訟と同様の手続で行われ、その判決は、簡易確定決定として下された届出債権支払命令と符合するときは、届出債権支払命令を認可する旨とし、それ以外は届出債権支払命令を取り消さなければならない（法55条）。

第3節　消費者による実際の被害回復

1　被害回復関係業務としての強制執行

法2条9号ロは被害回復関係業務として、「特定適格消費者団体が対象債権に関して取得した債務名義による民事執行の手続」および仮差押えの手続を明示している。また法34条は、簡易確定手続の債権届出について授権を得た団体が「民事執行の手続の追行」および「これらに伴い取得した金銭その他の財産の管理」について公平誠実義務を定めている。

さらに、簡易確定手続の中で届出債権について相手方事業者がその内容の全部を認め、または認否をしなかった債権は、法42条5項によれば、届出消費者表の記載が確定判決と同一の効力を有するとともに、同項第二文が「債権届出団体は、確定した届出債権について、相手方に対し、届出消費者表の記載により強制執行をすることができる」と規定している。逆に相手方の適法な認否を債権届出団体が争わなかった場合も届出消費者表の記載は確

定判決と同一の効力を有し、同じく確定した届出債権を債権届出団体が強制執行することができるとの規定がおかれている（法47条2項）。

異議後の訴訟についても、授権された団体が「民事執行の手続の追行」および「取得した金銭の管理」について公平誠実義務を負う（法53条6項）。

従って、消費者裁判手続特例法は、特定適格消費者団体が対象消費者の対象債権について強制執行をすること、そして自らが事業者から金銭を受領し、これを対象消費者に交付または分配することを予定していることは明らかである。

他方、一般原則によれば、届出消費者自身も、自らの請求権の存在を証する債務名義に基いて強制執行をすることは可能であろうと思われる。

なお、執行手続に関連して生じる訴訟についても特定適格消費者団体が当事者適格を有するものと解される。すなわち法2条9号ロでは、「民事執行の手続」の中に執行文付与の訴え（民執法33条1項）、執行文付与に対する異議の訴え（同34条1項）、請求異議の訴え（同35条1項）、第三者異議の訴え（同38条1項）、配当異議の訴え（同90条1項）、そして債権執行における取立訴訟（同157条1項）も含まれるとして、これらを被害回復裁判手続の定義に入れている。

2 検討すべき問題

a. 第三者の執行担当

対象消費者の権利である対象債権について、権利者ではない特定適格消費者団体が強制執行をすることは、いわゆる第三者の執行担当と位置づけられる。そして第三者の執行担当という現象は、必ずしも明確に法定され、あるいは解釈が定まっているとはいえない状況にある。

特定適格消費者団体の執行追行権については、さしあたり以下のような問題がある。

b. 届出消費者による授権の要否

簡易確定手続の債権届出に必要な授権と異議後の訴訟遂行に必要な授権の

それぞれにおいて、団体は民事執行の手続の追行についても公平誠実義務を負う（法34条および53条6項）。従って法31条および法53条の定める対象消費者および届出消費者の授権には、当然に強制執行申立ておよび追行に関する権限の授与も含まれていると解することができる（消費者庁・一問一答135頁 Q106 参照）。

他方、確定した届出消費者表に基づく強制執行を債権届出団体がなしうる旨の規定（法47条2項後段）からは、法定の執行担当であって届出消費者の授権は不要と解することも可能なように思われる。しかし、この規定は債権届出における届出消費者の授権が有効に存続していることを前提としているので、授権なしに執行行為をする権能を独立して認めたものとは解し得ない。

c. 執行文

団体は、届出消費者表の記載に基づいて強制執行する場合に、債務名義に記載された債権者として、単純執行文を得て執行するのだろうか。それとも個々の対象債権の債権者はその債権を有する届出消費者であり、これを第三者である団体が承継執行文を得て執行するのだろうか。この点は学説上議論があるところだが、選定当事者（民訴法30条）が得た給付判決について単純執行文を得て選定者のために執行することができると解するのが通説的見解である。これに従うならば、ここでも債務名義上の債権者として債権届出団体または異議後の訴訟の原告たる団体が、単純執行文を得て、届出消費者のために強制執行をすることができると解される。

これに対して届出消費者自らが届出消費者表または異議後の訴訟による給付確定判決に基づいて強制執行する場合は、逆に、承継（交替）執行文の付与（民執法27条2項）を得る必要がある。

d. 弁済受領権限および和解権限

特定適格消費者団体は、授権した届出消費者のために、事業者が支払う金銭を受領する権限を有する。このことは法34条および53条6項が前提としているほか、法83条1項1号による相手方からの利益供与禁止の例外として明記されている。

ところで、執行過程においても債権者と債務者とが和解により解決を図ることはありうる。特定適格消費者団体が届出消費者のために執行手続を担当している場合に、届出消費者の権利を処分するような和解をすることはできるだろうか。

基本的には、授権契約に定められていればその解釈によることとなるが、原則としては消費者の個別の権利を全部または一部放棄するような処分権はないと解すべきである。届出消費者に結果として有利になる取り決めが締結されるという場合でも、本来の権利主体の実質的な同意を取り付ける必要がある。

3 分配手続

a. 原則

民事執行手続により、あるいは事業者から任意に弁済を受けた場合も含め、対象消費者に帰属する金銭を受領した場合には、これを届出消費者に分配する必要がある。

事業者から受領した金銭が届出消費者の有する債権額に足りる場合は、未払いの費用および報酬を控除して、その残額を届出消費者の債権額に応じて分配することとなる。

b. 分配までの預り金

事業者から金銭を受領し、これを届出消費者に分配するまでの間は、特定適格消費者団体がその金銭を保管することとなる。この金銭保管については特に注意が必要である。

法84条は、「被害回復関係業務に係る経理」の区分経理を特定適格消費者団体に義務付けている。しかし被害回復関係業務に関係する金銭は預り金の他にも共通義務確認訴訟にかかる費用や弁護士費用などがあり、必ずしも預り金だけを別に管理するという規定ではない。

預り金のみを別に管理する必要は、特定適格消費者団体に対する債権者が、その債権の引当財産として本来消費者に帰属するはずの預り金に執行するこ

129

とを防止し、あるいは特定適格消費者団体自身が破産した場合に破産財団に組み込まれてしまうことを防止することにある。法34条1項が定める「これらに伴い取得した金銭その他の財産の管理」に関する公平誠実義務と、同条2項が定める善管注意義務からは、こうした執行隔離・倒産隔離の措置を講じておくべきことも要求していると解される（法53条6項および7項も参照）。

　もっとも、そのための具体的方法は法定されていない。そこで預り金に関しては、これを信託財産と構成し、団体の責任財産から分離する措置を講じておくべきである（信託法23条、25条など参照）。

　この方法は業務規程の必要的記載事項でもある（法65条4項2号）。

c. 分配すべき金銭が届出債権の全額に足りない場合の処理

　事業者が任意に支払った金銭、または強制執行により得た金銭が届出債権の全額に足りない場合、法34条1項および53条6項に定められた「公平」義務の意味が問題となる。

　単純に考えれば、総額に不足する金銭の支払いを受けた団体は、これを届出消費者の届出債権額に比例して分配することとなる。

　しかしながら、まず届出消費者の中で、その債権の存在が確定する時期は、以下のような各段階に分かれる可能性がある。

　　① 簡易確定手続において、届出消費者表に記載された債権に事業者が否認せず、認否期間が経過した時（法42条2項、3項）
　　② 一部否認された届出債権についても認否を争う旨の申出がなく、認否期間満了から1ヶ月を経過した時（法47条）
　　③ 届出債権支払命令を内容とする簡易確定決定が下され、これに異議申立てがなかった時（法46条6項）
　　④ 異議後の訴訟により届出債権支払命令を認可し、または一部認容に変更され、確定した時（法55条）

　これらのうち、特に簡易確定手続の中で確定する①ないし③と異議後の訴訟を経て確定する④とでは、1年以上の間を置く可能性もある。

さて、①ないし③により認められた届出債権について事業者が一定の金銭を団体に支払ったとして、認められなかった届出消費者が異議後の訴訟で争うことが予想される場合に、受領した金銭を直ちに認められた届出消費者に分配してよいかどうかは問題である。事業者に十分な資力があればともかく、①ないし③の届出債権に全額分配した後に、異議後の訴訟で④の届出債権が認められた時点で事業者の弁済資力が無くなっていたという場合には、同じ届出債権の間で債権の実現に大きな差がつくからである。この差を特に争われた届出消費者のみに負わせるのは一概に公平とは言いがたい。

他方、届出債権の全部が確定するまで、既に確定済みの債権を有する消費者にも一切の分配をしないというのも、また正当とは言いがたい。

そこで、届出消費者表の記載で①ないし③により確定した部分と、未確定で争われている部分の全額が存在すると仮定し、簡易確定決定およびこれに基づく任意弁済または強制執行により得られた金銭はその全部の債権額に比例して分配し、ただ争われている部分については分配額の交付を留保しておくとの処理が考えられる。そして異議後の訴訟の帰趨により届出債権が認められれば、その債権が帰属する消費者に留保した金銭を交付するとともに、事業者からのさらなる金銭支払いまたは強制執行により金銭を回収した場合は、その全体を追加分配することとなる。他方、異議後の訴訟により争われた部分が認められなければ、その留保した部分を①ないし③により確定していた消費者に分配する。

このような処理をすると、届出消費者のうち争われなかった者についても損害回復が長期に及ぶことが難点だが、事業者の弁済資力が乏しい場合はいずれにしても長期の回収過程が必要である。公平の要請から、やむを得ないことと考えられる。

なお第1部のシミュレーションでは、相手方事業者の資力に問題がない場合を仮定し、ここで述べたような処理方法はとらず、簡便な方法によっている。

第4章
特定適格消費者団体

第1節　特定適格消費者団体の認定

1　特定認定

a. 特定認定制度の趣旨

　特定適格消費者団体とは、消費者契約法13条に定められた適格消費者団体の中から、消費者裁判手続特例法の定める要件に照らして内閣総理大臣の認定を受けた団体であり、特定認定を受けることで被害回復関係業務を行うことができる（法65条1項）。

　被害関係回復業務とは、被害関係裁判手続に関する業務および授権された債権の裁判外の和解、被害関係裁判手続の遂行に必要な消費者の被害に関する情報収集、そして対象消費者に対する情報提供および財産管理業務をいうとされている（法65条2項）。

　被害関係回復業務を行うことができるものを、特定認定を受けた適格消費者団体に限ったのは、相当多数の消費者の被害回復関係業務を適切に行うための能力と組織力を有していることが制度的にも担保されていることが必要であるとの政策判断による。そして差止関係業務を行う適格消費者団体は、「消費生活に関する情報の収集及び提供並びに消費者の被害の防止及び救済のための活動その他の不特定かつ多数の消費者の利益の擁護を図るための活動を行うことを主たる目的」（消費者契約法13条3項2号）とする団体であり、被害回復関係業務も行うことが適当であると判断された。

　ただし、差止関係業務と被害回復関係業務とでは、重なる役割もあるが、異なる点もある。被害回復関係業務には、多数の消費者の権利を実現するた

めに、多数の消費者と接触し、消費者に帰属する金銭等を保管するなどの業務があるが、これらは差止関係業務には要求されない。そこで、適格消費者団体であることに加えて、さらに特定認定を要求したものである。

b. 特定認定要件

特定認定の要件は法65条4項、5項、6項に定められたとおりであるが、これをまとめると以下のようになる。

① 差止関係業務の経験
② 被害回復関係業務の体制および業務規程の整備
③ 弁護士を含む理事会の多数決による決定
④ 専門委員（消費者契約法13条3項5号イロ）の関与
⑤ 経理的基礎
⑥ 被害回復関係業務の報酬等の定めと相当性
⑦ 被害回復関係業務以外の業務による支障がないこと
⑧ 欠格事由

2 認定の申請手続

a. 書面申請

法66条は、特定認定申請書の記載事項を定めているが、その具体的な内容は、内閣府令の制定を待たなければならない。

消費者契約法14条が適格消費者団体の認定を受けるための必要書類を定めているが、これと比較してみると、特定非営利活動法人または一般社団法人もしくは一般財団法人の構成員の関係書類が省かれている一方、被害回復関係業務の報酬・費用に関する額、算定方法、支払い方法その他の必要事項を記載した書類が新たに要求されている（法66条2項8号）。

b. 申請後の手続

特定認定申請があると、内閣総理大臣はその公告をするとともに、必要書類を2週間の縦覧に供する（法67条）。

縦覧期間経過後に特定認定がなされると、申請団体の名称等を公示し、か

つ申請団体に書面で通知する（法 68 条 1 項）。

特定認定を受けた団体は、特定適格消費者団体であることを事務所に見やすいように掲示しなければならない（同条 2 項）。

さらに、特定適格消費者団体でないものは、特定適格消費者団体と誤認される表示や文字を用いてはならないとされている（法 69 条）。

法 66 条の定める特定認定申請書および添付書類の記載事項に変更が生じた場合には、軽微なものを除き、遅滞なく変更申請が必要となる（法 70 条）。これも具体的な方法は内閣府令による。

c. 特定認定の有効期間および更新

特定認定の有効期間は 3 年であり、適格消費者団体としての適格認定の有効期間が満了すれば、それまでとなる（法 69 条 1 項）。更新申請は、やむを得ない事由がある場合を除いて有効期間満了前 90 日から 60 日までの更新申請期間に行う。ただし、有効期間満了までに更新申請に対する処分がなされない場合は、その処分の時まで特定認定の効力が存続する（同条 4 項）。

更新申請手続は最初の特定認定申請手続に準じるが、重複した書類の提出は省略できる（同条 6 項）。

d. 特定認定の失効

特定認定は、有効期間満了、更新拒否処分、次項で述べる合併または事業譲渡において特定適格消費者団体としての地位を承継しない場合、法 73 条に基づく業務廃止の届出がなされた場合、適格消費者団体としての認定が失効または取り消された場合に失効する（法 74 条 1 項）。

特定認定が失効した時点で被害回復裁判手続が係属している場合、内閣総理大臣は、失効した旨を書面で係属裁判所に通知する（同条 2 項）。

なお、法 74 条は失効について定めているが、特定認定の取消しについては別途、法 86 条に規定されている。また特定認定が失効した場合の被害回復裁判手続を承継する団体については、認定取消しの場合とともに法 87 条で規定されている。

3　合併および事業譲渡

　特定適格消費者団体は、他の特定適格消費者団体と合併することができ、その場合は承継法人が消滅する法人の業務を引き継ぐ。特定適格消費者団体が特定認定を受けていない適格消費者団体と合併した場合は、その合併についての認可を内閣総理大臣から受けたときに、特定適格消費者団体の地位を承継する。この合併についての手続は、概ね更新申請に準じている（法71条）。

　さらに、事業譲渡に関しては、特定適格消費者団体が他の特定適格消費者団体に事業譲渡する場合には、内閣総理大臣への届出により、行うことができる。特定適格消費者団体から特定認定を受けていない適格消費者団体への事業譲渡は、合併の場合にほぼ準じている（法72条）。

第2節　被害回復関係業務等に対する規制

1　特定適格消費者団体の行動規範

a. 責務
(1)　「不当な目的でみだりに」と濫訴防止

　法75条は、被害回復関係業務の遂行に関して特定適格消費者団体に以下のような責務を課している。

　　①　対象消費者の利益のために適切な同業務の実施（1項）
　　②　不当な目的でみだりに同業務を行うことの禁止（同条2項）
　　③　他の特定適格消費者団体との連携協力（同条3項）

　このうち②の「不当な目的でみだりに」とは、法案審議過程でしばしば問題とされた濫訴の問題とも重なる。消費者裁判手続特例法の全体構造として、濫訴を防止するために、手続追行主体の限定と監督（法65条、85条以下など）、対象事案、請求および損害の限定（法2条4号、3条1項、2項）、共通義務確

認訴訟の、特に棄却の判決効を他の団体にも及ぼすこと（法9条）、そして報酬の明確化と適正化（法65条4項6号、76条）などが定められている。

その上でなお「不当な目的でみだりに」といえる場合とはどのような場合があるだろうか。

(2) 訴え提起が不法行為となる場合

これには一般の民事訴訟における訴え提起が不法行為になる場合をめぐる議論が参考になる。

国民の裁判制度の利用は憲法32条に定められた「裁判を受ける権利」の一つの適用場面であり、それが抑止されることがあってはならないばかりでなく、むしろ裁判制度の利用を促進することにより、裁判へのアクセスを実質的に保障することが必要と考えられる。このことは平成司法制度改革の重要な理念であったし、それ以前からの基本的な立法政策の理念でもあった。具体的には、法テラスを中心とする法律扶助（リーガルエイド）の整備充実、法務省のかいけつサポートに見られるようなADRの整備充実、そして適格消費者団体制度を代表格とする集団訴訟・団体訴権の整備が進められてきた。集団的消費者被害回復制度も裁判へのアクセスを保障する重要な施策として実現されたことを想起すべきである。

このように裁判制度利用は促進こそされ抑制されてはならないというのが憲法上の要請であるので、訴え提起が不法行為として損害賠償義務を伴うという場合は極めて限定されている。

リーディングケースとなった昭和63年の最高裁判決（最判昭和63年1月26日民集42巻1号1頁）は、土地売買契約の一方の当事者が依頼した土地測量で過小測量が行われたとして、依頼主ではない他方の当事者が測量士に不法行為責任を追及して敗訴したという事例で、測量士から不当提訴による損害賠償請求訴訟が提起されたというものである。最高裁は、「訴えの提起が相手方に対する違法な行為といえるのは、当該訴訟において提訴者の主張した権利又は法律関係（以下「権利等」という）が事実的、法律的根拠を欠くものであるうえ、提訴者が、そのことを知りながら又は通常人であれば容易に

そのことを知り得たといえるのにあえて訴えを提起したなど、訴え提起が裁判制度の趣旨目的に照らして著しく相当性を欠くと認められるときに限られる」と判示し、この訴訟ではそのような場合に当たらないとした。この準則はその後の判例で受け継がれており、「不当な目的でみだりに」の解釈にあたっても参照されるべきである。

なお、この点は行政庁によるガイドラインで内容が具体化されると予想される。

b. 弁護士に訴訟追行させる義務

被害回復関係業務遂行に際しては、民事訴訟手続、簡易確定手続、仮差押命令手続、執行抗告の4つについて弁護士に追行させる義務を明示している（法77条）。これは、必ずしも訴訟代理人として弁護士に委任しなければならないことを意味するわけではなく、団体代表者が弁護士であれば、その者がいわば本人訴訟として訴訟手続を追行することも考えられる。適格消費者団体による差止請求訴訟についても、弁護士である団体の代表者が自ら訴訟追行に当たったケースが存在する。

なお、訴訟代理人により訴訟手続や簡易確定手続が追行されている場合には、特定認定の失効や取消しがあっても訴訟代理権は失われない（法60条）。また特定認定の失効や取消しによる訴訟および簡易確定手続の中断受継は、訴訟代理人がある間は適用されない（法61条2項）。従って、例えば特定認定が失効した団体により委任された訴訟代理人は、当該団体の手続上の地位を承継する団体が現れるまで、自らの判断により手続の追行に当たらなければならない。

2 財政管理

a. 経理的基礎

特定適格消費者団体は、その認定を受けるに際して、「被害回復関係業務を適正に遂行するに足りる経理的基礎を有すること」が必要とされ（法65条4項5号）、そのために必要書類として「最近の事業年度における財産目録、

貸借対照表、収支計算書その他の経理的基礎を有することを証する書類」を、特定認定を受ける際（法66条2項7号）にも、特定認定の更新申請に際して（法69条6項）も、提出しなければならない。

　この場合の経理的基礎がどのような水準かは明らかでないが、「被害回復関係業務を適正に遂行する」ための人的物的組織の維持に必要な財政規模が想定される。もっとも特定適格消費者団体は常時訴訟の提起遂行を行うわけではなく、適格消費者団体としての差止関係業務も同時に行うし、その差止関係業務は大部分が裁判外の事業者との交渉や申入れにあてられている。従って、被害回復関係業務として相当多数の消費者の個別利益の回復を図る活動を常時行っているわけではなく、多数の消費者との連絡や契約締結、説明などの業務を行う人的組織を常時備えておくことは想定されない。必要に応じて、ボランティアも含めて、人的組織を構築できる能力があれば「被害回復関係業務を適正に遂行する」のには十分であり、必要な経理的基礎としても、常時多人数の組織を維持するだけの財政規模を要求されるべきものではない。

　結局のところ、適格消費者団体に要求される経理的基礎（消費者契約法13条3項6号）と大きくは変わらないものと解すべきである。

b. 報酬を受ける可能性

　法76条は、「特定適格消費者団体は、授権をした者との簡易確定手続授権契約又は訴訟授権契約で定めるところにより、被害回復関係業務を行うことに関し、報酬を受けることができる。」と定めている。

　この規定は弁護士法72条の例外規定に位置付けられるので、簡易確定手続と異議後の訴訟の訴訟追行以外の場面で対象消費者の被害回復活動を行い、それに関連して対象消費者から報酬を受けることはできないと解さざるをえない。例えば、裁判外の和解により対象消費者と事業者との間の集団的紛争を解決したとしても、法76条の要件を満たすとはいえない以上、報酬を受けることは弁護士法72条に反することとなる。

　なお、報酬に関しては、特定認定における要件として「被害回復関係業務

に関して支払を受ける報酬又は費用がある場合には、その額又は算定方法、支払方法その他必要な事項を定めており、これが消費者の利益の擁護の見地から不当なものでないこと」と定められている（法65条4項6号）。また、特定認定の申請に必要な書類としても、「被害回復関係業務に関して支払を受ける報酬又は費用がある場合には、その額又は算定方法、支払方法その他必要な事項を記載した書類」が規定されている（法66条2項8号）。

さらに具体的な裁判手続でも、簡易確定手続開始決定がされた後に知れている対象消費者へすべき通知には、「簡易確定手続申立団体が支払を受ける報酬又は費用がある場合には、その額又は算定方法、支払方法その他必要な事項」を記載しなければならない（法25条1項5号）。

なにをもって「消費者の利益の擁護の見地から不当なものでないこと」というのかは、現時点では分からないが、対象債権として回収が見込まれる額、対象消費者の数、事件や損害算定の難易、通知連絡の難易などによって必要経費は大きく異なる。直接経費のみならず、恒常的な人件費や運営経費もまた被害回復関係業務に必要であるので、一律には決められない問題である。

なお、この点もガイドラインによる一定の指針提示が予定されている。

c. 財産的利益の受領禁止

法83条1項は、特定適格消費者団体が被害回復裁判手続の相手方から、その手続追行に関して名目のいかんを問わずに金銭その他の財産的利益を受領することを禁止している。ただし、以下の場合はこれに該当しない。

(1) 対象債権確定手続の各段階において、対象消費者の債権回収に充てるべき金員を、その手続の結果として受領すること

これには簡易確定手続における対象債権の認否において事業者が対象債権を認めた場合（法42条3項）、簡易確定決定に適法な異議が申し立てられなかった場合（法46条6項）、異議後の訴訟において届出債権を認めた判決、和解または請求の認諾がされた場合（法55条1項、民訴法267条）が列挙されている。

(2) 訴訟費用の負担を命じられた相手方から、その費用相当額の償還を受ける

こと

訴訟費用負担の裁判がなされるのは、被害回復裁判手続における判決等においてである。これには共通義務確認訴訟や異議後の訴訟の判決のほか、訴訟上の和解で各自負担以外の負担が定められた場合、請求の放棄・認諾において訴訟費用の負担決定があったとき（民訴法73条）、仮執行宣言付き届出債権支払い命令、法56条に基づく仮差押え決定が考えられる。その他、法48条が個別費用を除く費用について各自負担を原則としつつも、他の当事者に負担させる決定があり得ることを定め、また法49条は個別費用（債権届出の手数料および簡易確定手続における届出債権に係る申立ての手数料）について、その負担決定を行う。

(3) 被害回復裁判手続における判決に基づく民事執行費用

以上のほかに、特定適格消費者団体の役員等も団体自身と同様に相手方からの金銭的利益を受けてはならず、かつ団体およびその役員等は第三者に相手方からの金銭的利益を受けさせてはならない（法83条2項、3項）。

最後に、法83条4項は、相手方が被害回復裁判手続の追行に関してした不法行為による損害賠償として財産上の利益を給付する場合は含まれないと規定する。

以上の規定は、適格消費者団体に関する消費者契約法28条1項から4項までとほぼ同趣旨といえるが、差止請求関係業務の場合は間接強制金や裁判外の和解により定められた違約金があり得るので、それらが相手方からの利益供与禁止の例外に定められている（消費者契約法28条1項2号および4号）点が異なる。また、それらの金員を差止請求関係業務に要する費用に充てるため積み立てる義務および差止請求関係業務を廃止・終了した場合における積立金残余の承継の規定（同条5号および6号）が置かれていることも異なる。

d. 区分経理義務

法84条は、特定適格消費者団体の義務として、被害回復関係業務に関する経理を他の業務に関する経理と区分して整理すべきことを定めている。

この規定は適格消費者団体が差止請求関係業務に関して課せられている区

分経理義務（消費者契約法29条）と同様である。特定適格消費者団体は常に適格消費者団体でもあるので、経理は以下の4つに分けなければならないこととなる。

① 被害回復関係業務に関する経理
② 差止請求関係業務に関する経理
③ ①または②以外で、不特定かつ多数の消費者の利益の擁護を図るための活動に関する業務
④ その他の業務

3 特定適格消費者団体相互の連携

a. 特定適格消費者団体の通知報告義務

　法78条は、以下の事項について、遅滞なく、他の特定適格消費者団体に通知し、かつ内閣総理大臣に報告をしなければならないと定める。

① 共通義務確認の訴えの提起又は法56条に基づく仮差押えの申立てをしたとき
② 共通義務確認訴訟の判決言渡しまたは仮差押え申立てに対する決定の告知があったとき
③ 共通義務確認訴訟の判決に控訴が提起され、または仮差押え申立てに対する決定に不服の申立てがあったとき
④ 共通義務確認訴訟の判決または仮差押え申立てに対する決定が確定したとき
⑤ 共通義務確認訴訟について和解が成立したとき
⑥ 以上の和解または判決もしくは決定による場合のほかに、共通義務確認訴訟または仮差押え申立て事件が終了したとき
⑦ 共通義務確認の訴えに関して、請求の放棄、和解、上訴の取下げ、その他内閣府令で定める行為で、それにより確定判決およびこれと同一の効力を有するものが存することとなるものをしようとするとき
⑧ 簡易確定手続開始申立てまたはその取下げをしたとき

⑨　簡易確定手続開始決定があったとき

⑩　法25条1項に基づき、知れている対象消費者への通知をしたとき

⑪　法26条1項、3項または4項に基づき、簡易確定手続開始決定後の公告をしたとき

⑫　その他、被害回復関係業務に関する行為で内閣府令で定められたものをしたとき

　この通知と報告のために、「全ての特定適格消費者団体及び内閣総理大臣が電磁的方法を利用して同一の情報を閲覧することができる状態に置く措置」その他の内閣府令で定める方法が用意されることとされ、これによってすべての特定適格消費者団体への個別通知を容易にしている。これは、現行の適格消費者団体が差止請求関係業務を行うに際しての通知公告義務について設けられている措置と同様である（消費者契約法23条5項）。具体的には、内閣府においてインターネット上の掲示板システムが用意され、これにすべての適格消費者団体がアクセス権を付与されている。特定適格消費者団体のためにも、同様のシステムが用意されるものと思われる。

b. その他の連携

　法75条3項は、「特定適格消費者団体は、被害回復関係業務について他の特定適格消費者団体と相互に連携を図りながら協力するように努めなければならない」と規定している。これは、消費者契約法23条3項の「適格消費者団体は、事案の性質に応じて他の適格消費者団体と共同して差止請求権を行使するほか、差止請求関係業務について相互に連携を図りながら協力するように努めなければならない」との規定の、特に後段と同趣旨であるが、具体的にどのような連携を求められているかは必ずしも明らかではない。

　さしあたり、複数の特定適格消費者団体が共通義務確認訴訟を提起して請求認容判決を得た場合に、対象消費者への通知公告や授権について相互に連携し、例えば地域的な役割分担を定めるなどの取り決めをするなどが考えられる。もっとも、共通義務が認められてから1ヶ月の不変期間内に簡易確定手続の開始申立てを行い、その開始決定からなるべく早く通知公告を行い、

定められた期間内に債権届出書を作成して提出しなければならないのであるから、その間に他団体との協議を十分にすることは難しい。従って、共通義務確認の訴えが係属し、共同当事者となった特定適格消費者団体は、相互に認容判決が確定した場合の連携の方法について、訴訟係属中に協議して詰めておく必要がある。

4 情報管理義務

a. 個人情報管理義務

(1) 消費者の個人情報保管・利用の目的

法79条1項は、特定適格消費者団体が被害回復関係業務に関して消費者の個人情報を保管または利用する場合に、当該消費者の同意その他の正当な事由がない限り、その業務の目的の達成の範囲内で保管または利用するべきことを定める。この規定は従前の消費者契約法において適格消費者団体については定められておらず、対象消費者の個々の情報を必然的に取り扱うこととなる被害回復関係業務の特性を踏まえて、特に規定されたものと考えられる。

特定適格消費者団体が個人情報取扱事業者（個人情報保護法2条3項）にも該当する場合には、この規定による利用目的範囲内での保管または利用と個人情報保護法の規制とが重複して適用されることとなる。

(2) 消費者の個人情報の第三者利用

同条2項は、特定適格消費者団体が被害回復関係業務に関して消費者から収集した消費者の被害に関する情報を被害回復関係業務の相手方その他の第三者が利用するに当たり、当該被害に係る消費者を識別することができる方法で利用する場合には、あらかじめ、当該消費者の同意を得なければならないと規定する。これは消費者契約法24条で適格消費者団体に課せられている義務と同一であるが、差止請求関係業務では消費者個人の権利を実現するわけではないので、消費者を識別できる情報を相手方等に利用させるのは例外的であり、特に同意が必要と解される。しかしながら、被害回復関係業務

では、少なくとも第二段階の対象債権確定手続において届出消費者の識別情報を相手方に開示しないことはあり得ない（法30条2項1号参照）。従って、授権契約において法79条2項の同意を得ることを要するとも考えられる。そのように考えるならば、この点に関する同意を拒んだり、同意を撤回した消費者については、法33条の定める「やむを得ない理由」があるとして授権契約の締結を拒絶または解除することができると解することとなる。

なお、第一段階の裁判上または裁判外の交渉においても、相手方その他の第三者に個別の消費者を識別できる情報を提供する場合には、法79条2項の同意を要する。特に共通義務確認の訴えの追行上、個別の消費者の識別情報を特定適格消費者団体または相手方当事者が必要とすることも考えられる。従って、訴え提起前に、被害情報を提供するなどの接触のあった消費者からは、なるべく本条の同意を取得しておくことが望ましい。

(3) 消費者の個人情報の適正管理義務

法79条3項は、消費者の個人情報の適正管理義務を定める。必要な措置としてどのようなことが要求されているかは明らかでないが、個人情報保護法が個人情報取扱事業者に対して課している安全管理措置が一応参考となろう。

同法20条は、安全管理措置として「個人データの漏えい、滅失又はき損の防止その他の個人データの安全管理のために必要かつ適切な措置」を講じるべきことを定め、同法21条は従業者について、同法22条は委託先について、それぞれ監督義務があると定められている。そして各種ガイドラインにおいて分野ごとの細則が指針として示されている。もちろん個人情報取扱事業者とはいえない規模の特定適格消費者団体が、同法と同じ水準の個人情報安全管理体制を整えなければならないとすることは相当ではない。しかし、対象消費者の被害回復に関連する情報が消費社の金銭的利益に関連するものであることや、プライバシーとしてセンシティブなものと解される場合もあることを考えると、情報漏えいや滅失毀損に対する必要かつ適切な予防措置を求められることは当然である。

なお、情報管理の方法については特定認定要件としての業務規程記載事項に挙げられている（法65条4項2号）。

b. 秘密保持義務

法80条は、特定適格消費者団体の役員等が正当な理由なく被害回復関係業務に関して知り得た秘密を漏らしてはならないと規定する。これは適格消費者団体における消費者契約法25条の秘密保持義務と同一である。

本条が保護する情報は、被害回復関係業務に関するあらゆる事実をいうのではなく、「秘密」、すなわち非公知の事実で、本人が他に知られないことについて客観的に保護に値する利益を有するものをいう。

特定適格消費者団体は、その活動に関する事実の大部分をむしろ公開し（法90条）、あるいは消費者に提供し（法82条）、さらには認定更新申請書に記載して公衆の縦覧に供することが義務付けられている（法66条、67条）。従って、この点からも秘密保持義務の対象となる情報は、限定的に解釈されることとなる。

なお、秘密保持の方法については特定認定要件としての業務規程記載事項に挙げられており（法65条4項2号）、秘密保持義務違反に対しては100万円以下の罰金が定められている（法94条2号）。

c. 氏名等明示義務

特定適格消費者団体の被害回復関係業務に従事する個人は、被害回復裁判手続の相手方からの求めに応じて、団体名、自己の氏名、団体における役職または地位、その他内閣府令が定める事項を明らかにしなければならない。これは適格消費者団体について消費者契約法26条が定めるものと同一である。

参考までに、消費者契約法の適用に関する内閣府令（消費者契約法施行規則20条）は、弁護士その他の資格、差止請求をする場合における請求の趣旨及び紛争の要点が明らかにされなければならないと定めている。

d. 情報提供努力義務

法82条は、対象消費者の財産的被害回復に資するため、対象消費者に対

し、共通義務確認の訴えの提起の事実、同訴訟の確定判決の内容、その他必要な情報を提供するよう努めなければならないと規定する。これも、消費者契約法27条が適格消費者団体に対して定めている情報提供努力義務と同趣旨だが、同法は広く消費者一般に対する情報提供であり、対象消費者と限定した情報提供を定めている法82条とは必ずしも一致しない。

消費者一般に対する情報提供は、差止請求の帰趨を広く伝えることで、消費者が自身の被害救済のための法的手段をとったり、あるいは将来の被害予防に役立てたりすることが目的である。

これに対して対象消費者は、共通義務確認の認容判決や裁判上の和解、請求の認諾によって簡易確定手続が開始されるという場面では、個別の通知や公告によってその内容と債権届出のための授権の機会を与えられる（法25条、26条）。これに対して訴えの提起の事実の情報提供は、対象消費者がその帰趨を見守り、自らの被害回復の可能性やその準備の要否を判断することを可能とする。また共通義務確認の棄却判決確定も、同様に自らの個別的被害回復の可能性を判断する材料となりうるし、また簡易確定手続の進行や帰趨、異議後の訴訟の帰趨などは、その手続に参加しなかった対象消費者にとっては個別的な被害回復のための貴重な参考情報となる。法25条や26条の情報提供とは別に手続の様々な段階での情報提供を定めることには大きな意義が認められる。

なお、内閣総理大臣は国民生活センターを通じて、共通義務確認訴訟の確定判決等の概要をインターネットその他の適切な方法によって公表するとされており、その目的も消費者の被害防止および救済のためとされている（法90条）。

第3節　行政監督

1　行政命令および認定の取消し

a. 適合命令および改善命令

　法85条1項は、内閣総理大臣の適合命令を定める。これは、法65条4項2号から7号までの要件に適合しなくなったと認める場合に命じられる。具体的には以下のとおりである。

> ①　被害回復関係業務の体制および業務規程の整備
> ②　弁護士を含む理事会の多数決による決定
> ③　専門委員（消費者契約法13条3項5号イロ）の関与
> ④　経理的基礎
> ⑤　被害回復関係業務の報酬等の定めと相当性
> ⑥　被害回復関係業務以外の業務による支障がないこと

　また、法85条2項は、適合命令に該当する場合を除いて、以下の場合に人的体制の改善、違反の停止、業務規程の変更、その他の業務の運営改善に必要な措置をとるべきことを命ずる「改善命令」を発することができる。

> ①　役員に法65条6項3号所定の事由が生じた場合
> ②　団体または役員等が被害回復関係業務遂行に関して本法に違反した場合
> ③　その他、特定適格消費者団体の業務の適正な運営を確保するために必要があると認められる場合

　これらの規定は適格消費者団体について消費者契約法33条が定めている

ところと同趣旨である。

b. 特定認定の取消し等

法86条1項は、以下の事由に基づき特定認定の取消しをすることができると定める。

> ① 偽りその他不正の手段により特定認定、更新または合併若しくは事業譲渡の認可を受けたとき
> ② 法65条4項各号の要件のいずれかに適合しなくなったとき
> ③ 法65条6項1号または3号に該当するに至ったとき
> ④ その他の本法律若しくは法律に基づく命令の規定違反、またはその規定に基づく処分に違反したとき

また、法86条2項は、以下の事由に基づき、特定認定または消費者契約法13条1項の適格認定の取消しをすることができると定める。

> ① 被害回復裁判手続において、特定適格消費者団体が相手方と通謀して請求の放棄または対象消費者の利益を害する内容の和解をしたとき、その他対象消費者の利益に著しく反する訴訟その他の手続の追行を行ったと認められるとき
> ② 特定適格消費者団体が被害回復裁判手続の相手方から、法83条1項各号所定の場合ではないのに、金銭その他の財産上の利益を受けたとき
> ③ 団体の役員等が被害回復裁判手続の相手方から金銭その他の財産上の利益を受け、または第三者の利益を受けさせたとき

なお、法78条1項の通知または報告をしないで同項7号に規定する「請求の放棄、和解、上訴の取下げその他の内閣府令で定める手続に係る行為であって、それにより確定判決及びこれと同一の効力を有するものが存するこ

ととなるもの」を行った場合には、法86条2項1号に該当するものとみなすことができると定められている（同条3項）。

これらの取消しをした内閣総理大臣は、内閣府令に定めるところに基づいて、その旨と取消日を公告し、取消対象の特定適格消費者団体に書面によって通知をする。当該団体が当事者である被害回復裁判手続が係属中の場合は、その係属裁判所にも書面通知をしなければならない（法86条4項）。

以上の規定は、適格消費者団体の取消事由に関する消費者契約法34条1項、2項、5項とほぼ同趣旨である。

これらの取消処分は、当然ながら行政処分であるので、行政事件訴訟法に基づき、取消しの訴えまたは無効もしくは不存在の確認の訴えにより、争うことができる。

2　被害回復裁判手続の承継

特定適格消費者団体が被害回復裁判手続の当事者であるときに、その特定認定が失効し、または取り消された場合には、その手続を他の特定適格消費者団体に承継させる必要がある。法87条がそのための手続を定めている。

すなわち同条1項は、民事執行手続を除く被害回復裁判手続が係属中に、当事者たる特定適格消費者団体の特定認定が失効または取り消された場合で、他の特定適格消費者団体が共同当事者となっていなかったときの承継すべき団体を指定することを定め、2項は共通義務確認訴訟の判決等の確定後、簡易確定手続の開始申立てをすべき期間中に特定認定が失効または取り消された場合に、承継すべき団体を指定することを定めている。さらに、3項は債務名義取得後に特定認定が失効または取り消された場合の承継すべき団体を指定することを定めている。

これらはいずれも、承継すべきとして指定された特定適格消費者団体の特定認定がさらに失効または取り消された場合に、その指定を取り消すことが同条4項に定められ、特定認定の失効をもたらした処分または取消処分が行政訴訟により取消し、無効もしくは不存在の確認の判決が確定した場合でも

承継すべき団体の指定は取り消されないことが同条5項に規定されている。

承継すべき団体の指定は、内閣府令に基づいて公示され、指定された団体に書面による通知がなされる。そして被害回復裁判手続が係属している場合は係属裁判所にも書面による通知がなされる。承継指定の取消しの場合はその公示と対象団体への書面通知のみがなされる（法87条6項、7項）。

承継すべき団体として指定を受けた特定適格消費者団体は、被承継団体が簡易確定手続の債権届出をした当事者もしくは異議後の訴訟の当事者であった場合または債務名義取得後の団体であった場合に、それらの手続で知られている届出消費者に格別に通知をする（法87条8項）。

被承継団体は承継すべきとして指定された団体に、指定対象事件について、対象消費者のために保管する物および被害回復関係業務に関する書類を移管し、その他必要な引き継ぎ一切を行わなければならない（法87条9項）。

これらの規定は、手続の段階や失効の形態が異なるために、適格消費者団体の差止請求関係業務が承継される場合の消費者契約法35条とは異なる規定となっているが、その趣旨はほぼ同様と解される。

第4節　その他

1　協力

相当多数の消費者の被害回復を図る手続は、基本的に公共の利益に適うものである。従って、官庁、公共団体、その他の者は、特定適格消費者団体の被害回復関係業務の遂行に協力すべきと考えられる。

具体的には、法89条において、この法律の実施のために必要があると認められる場合に、官庁、公共団体その他の者に対して、内閣総理大臣が照会と協力を依頼できることが規定されている。これは適格消費者団体に関する消費者契約法37条と同一である。

また、法90条には、内閣総理大臣が共通義務確認訴訟の確定判決の概要

等をインターネットを通じて公表することが定められている。これは適格消費者団体に関する消費者契約法 39 条と同一である。

さらに法 91 条には、国民生活センターと地方公共団体が、内閣府令の定めるところにより、特定適格消費者団体の求めに応じて、消費生活に関する消費者と事業者との間に生じた苦情相談情報を提供することができるとしている。ただし、この情報の目的外使用は禁止されている。これは適格消費者団体に関する消費者契約法 40 条と同一である。

2 罰則

a. 刑罰規定

(1) 贈収賄

法 93 条は、特定適格消費者団体の役員等が、以下の行為の報酬として、被害回復関係業務の相手方から名目のいかんを問わずに金銭その他の財産上の利益を受け、または当該特定適格消費者団体を含む第三者に受けさせた場合に、3 年以下の懲役または 300 万円以下の罰金に処すると規定する。

1 号 共通義務確認の訴えの提起、簡易確定手続の申立て、債権届出、簡易確定手続もしくは異議後の訴訟に関する民事執行の申立てまたは 56 条 1 項の仮差押え申立てをしないこと、またはこれらをしなかったこと

2 号 簡易確定手続における債権届出の授権または異議後の訴訟における授権を受けた債権に関して、裁判外の和解をすること、またはしたこと

3 号 被害回復裁判手続を終了させること、または終了させたこと
これらは、利益を供与した、いわば贈賄側も同様に処罰される。そして財産上の利益は没収される。

特定適格消費者団体の役員等は、国外で法 93 条の罪を犯した場合にも罰せられ、またその利益供与者は刑法 2 条、すなわちあらゆる者

が国外で犯した場合も処罰の対象となる。
(2) 虚偽認定申請

偽りその他不正の手段によって特定認定、その有効期間更新、合併または事業譲渡の認可を得た者は100万円以下の罰金に処せられる（法94条1号）。

(3) 秘密漏示

被害回復関係業務に関して知り得た秘密を、法80条に違反して漏らした者も、100万円以下の罰金に処せられる（法94条2号）。

(4) 申請書類虚偽記載

特定認定申請書類、有効期間更新申請書類、合併または事業譲渡の認可申請書類に虚偽の事実を記載した者は、50万円以下の罰金に処せられる（法95条1号）。

(5) 特定適格消費者団体との誤認惹起行為

特定適格消費者団体であると誤認されるおそれのある文字を名称中に用い、またはそのような表示をした者も、50万円以下の罰金に処せられる（法95条2号）。

(6) 両罰規定

法人の代表者、管理人、法人もしくは人の代理人、使用人その他の従業者が、法人または人の業務に関して、法93条から95条までの行為をした場合、法人または人に対しても、それぞれの罰金刑を科す（法96条）。

b. 行政罰

行政罰（過料）の対象となっているのは、以下の行為である。

(1) 100万円以下の過料（法97条）

1号　法14条に反し、正当な理由がないのに簡易確定手続開始の申立てを怠った者

2号　法33条1項に反し、やむを得ない理由がないのに簡易確定手続授権契約の締結を拒んだ者

3 号　同条 2 項に反し、やむを得ない理由がないのに簡易確定手続授権契約を解除した者
(2)　50 万円以下の過料（法 98 条）
　　　1 号　法 25 条 1 項所定の知れている対象消費者に対する簡易確定手続開始決定の通知もしくは法 26 条 3 項所定の、簡易確定手続開始決定の公告後に簡易確定手続申立団体の名称もしくは住所が変更した場合に、裁判所および相手方に対してすべき通知を怠り、または不正の通知をした者
　　　2 号　法 26 条 1 項所定の簡易確定手続開始決定の公告、同条 3 項前段所定の簡易確定手続申立団体の名称もしくは住所が変更した場合の公告もしくは同条 4 項所定の、簡易確定手続申立団体の受ける報酬もしくは費用に関する変更、授権方法および期間の変更その他内閣府令で定める事項の変更に関する公告を怠り、または不正の公告をした者
(3)　30 万円以下の過料（法 99 条）
　　　1 号　法 53 条 4 項に反し、正当な理由がないのに訴訟授権契約の締結を拒んだ者
　　　2 号　法 53 条 5 項に反し、正当な理由がないのに訴訟授権契約の解除をした者
　　　3 号　法 68 条 2 項に基づき特定適格消費者団体である旨を、被害回復関係業務を行う事務所において見やすいように掲示せず、または虚偽の掲示をした者
　　　4 号　特定適格消費者団体の名称、住所、代表者の氏名、被害回復関係業務を行う事務所の所在地、その他内閣府令で定める事項または特定認定申請に必要な書類記載事項に変更があった場合の届出（法 70 条）、合併により地位を承継した法人の届出（法 71 条 2 項）、特定適格消費者団体が特定認定を受けていない適格消費者団体と合併し、特定適格消費者団体たる地位の承継のため

の認可申請をしない旨の届出（法71条7項）、事業譲渡により地位を承継した法人の届出（法72条2項）、特定適格消費者団体が特定認定を受けていない適格消費者団体に被害回復関係業務の譲渡をし、特定適格消費者団体たる地位の承継のための認可申請をしない旨の届出（法72条7項）、特定適格消費者団体が被害回復関係業務の廃止をした旨の届出（法73条1項）を、それぞれ行わず、または虚偽の届出をした者

5号　共通義務確認の訴えの提起等、法78条1項各号所定の行為をした場合の通知もしくは報告をせず、または虚偽の通知もしくは報告をした者

6号　法79条2項に反して消費者の被害に関する情報を利用した者

7号　法81条に反して、被害回復裁判手続の相手方からの請求に対して団体の名称、自己の氏名、役職または地位その他内閣府令で定める事項の開示を拒んだ者

8号　法87条9項に反して被害回復関係業務の引継ぎを怠った者

9号　法91条2項に反して、国民生活センターまたは地方公共団体から提供された情報を目的外使用し、または提供した者

3　附則事項

附則において、重要な規定がいくつか見られる。

まず、施行時期は公布の日から3年以内で政令で定める日と定められ（附則1条）、従って平成28年12月までに施行される。

ところが施行前に締結された消費者契約に関する請求、あるいは施行前に行われた加害行為に関する不法行為請求には、本法の適用はないとされている（附則2条）。

その間の消費者被害の回復には、国民生活センターのもとでの裁判外紛争解決手続を利用するために、必要な措置を講ずると規定されている（附則6条）。

さらに、濫訴防止措置（附則3条）、特定適格消費者団体による被害回復関係業務の適正な遂行に必要な資金確保、情報提供その他の支援に必要な措置（附則4条）、政府の広報活動（附則7条）などが施行までになされることとしている。

　その他、施行後3年経過後の見直し条項（附則5条）も規定されている。

消費者の財産的被害の集団的な回復のための民事の裁判手続の特例に関する法律

(平成 25 年 12 月 11 日法律第 96 号)

第 1 章　総則（第 1 条・第 2 条）
第 2 章　被害回復裁判手続
　第 1 節　共通義務確認訴訟に係る民事訴訟手続の特例（第 3 条—第 11 条）
　第 2 節　対象債権の確定手続
　　第 1 款　簡易確定手続
　　　第 1 目　通則（第 12 条・第 13 条）
　　　第 2 目　簡易確定手続の開始（第 14 条—第 24 条）
　　　第 3 目　簡易確定手続申立団体による通知及び公告等（第 25 条—第 29 条）
　　　第 4 目　対象債権の確定（第 30 条—第 47 条）
　　　第 5 目　費用の負担（第 48 条・第 49 条）
　　　第 6 目　補則（第 50 条・第 51 条）
　　第 2 款　異議後の訴訟に係る民事訴訟手続の特例（第 52 条—第 55 条）
　第 3 節　特定適格消費者団体のする仮差押え（第 56 条—第 59 条）
　第 4 節　補則（第 60 条—第 64 条）
第 3 章　特定適格消費者団体
　第 1 節　特定適格消費者団体の認定等（第 65 条—第 74 条）
　第 2 節　被害回復関係業務等（第 75 条—第 84 条）
　第 3 節　監督（第 85 条—第 87 条）
　第 4 節　補則（第 88 条—第 92 条）
第 4 章　罰則（第 93 条—第 99 条）
附則

第 1 章　総則

(目的)

第 1 条　この法律は、消費者契約に関して相当多数の消費者に生じた財産的被害について、消費者と事業者との間の情報の質及び量並びに交渉力の格差により消費者が自らその回復を図ることには困難を伴う場合があることに鑑み、その財産的被害を集団的に回復するため、特定適格消費者団体が被害回復裁判手続を追行することができることとすることにより、消費者の利益の擁護を図り、もって国民生活の安定向上と国民経済の健全な発展に寄与することを目的とする。

(定義)

第 2 条　この法律において、次の各号に掲げる用語の意義は、当該各号に定めるところによる。
一　消費者　個人（事業を行う場合におけるものを除く。）をいう。
二　事業者　法人その他の社団又は財団及び事業を行う場合における個人をいう。
三　消費者契約　消費者と事業者との間で締結される契約（労働契約を除く。）

消費者の財産的被害の集団的な回復のための民事の裁判手続の特例に関する法律

四　共通義務確認の訴え　消費者契約に関して相当多数の消費者に生じた財産的被害について、事業者が、これらの消費者に対し、これらの消費者に共通する事実上及び法律上の原因に基づき、個々の消費者の事情によりその金銭の支払請求に理由がない場合を除いて、金銭を支払う義務を負うべきことの確認を求める訴えをいう。

五　対象債権　共通義務確認の訴えの被告とされた事業者に対する金銭の支払請求権であって、前号に規定する義務に係るものをいう。

六　対象消費者　対象債権を有する消費者をいう。

七　簡易確定手続　共通義務確認の訴えに係る訴訟（以下「共通義務確認訴訟」という。）の結果を前提として、この法律の規定による裁判所に対する債権届出に基づき、相手方が認否をし、その認否を争う旨の申出がない場合はその認否により、その認否を争う旨の申出がある場合は裁判所の決定により、対象債権の存否及び内容を確定する裁判手続をいう。

八　異議後の訴訟　簡易確定手続における対象債権の存否及び内容を確定する決定（以下「簡易確定決定」という。）に対して適法な異議の申立てがあった後の当該請求に係る訴訟をいう。

九　被害回復裁判手続　次に掲げる手続をいう。

　イ　共通義務確認訴訟の手続、簡易確定手続及び異議後の訴訟の手続
　ロ　特定適格消費者団体が対象債権に関して取得した債務名義による民事執行の手続（民事執行法（昭和54年法律第4号）第33条第1項、第34条第1項、第35条第1項、第38条第1項、第90条第1項及び第157条第1項の訴えに係る訴訟手続（第61条第1項第3号において「民事執行に係る訴訟手続」という。）を含む。）及び特定適格消費者団体が取得する可能性のある債務名義に係る対象債権の実現を保全するための仮差押えの手続（民事保全法（平成元年法律第91号）第46条において準用する民事執行法第33条第1項、第34条第1項及び第38条第1項の訴えに係る訴訟手続（第61条第1項第1号において「仮差押えの執行に係る訴訟手続」という。）を含む。）

十　特定適格消費者団体　被害回復裁判手続を追行するのに必要な適格性を有する法人である適格消費者団体（消費者契約法（平成12年法律第61号）第2条第4項に規定する適格消費者団体をいう。以下同じ。）として第65条の定めるところにより内閣総理大臣の認定を受けた者をいう。

第2章　被害回復裁判手続
第1節　共通義務確認訴訟に係る民事訴訟手続の特例

（共通義務確認の訴え）

第3条　特定適格消費者団体は、事業者が消費者に対して負う金銭の支払義務であって、消費者契約に関する次に掲げる請求（これらに附帯する利息、損害賠償、違約金又は費用の請求を含む。）に係るものについて、共通義務確認の訴えを提起することができる。
一　契約上の債務の履行の請求
二　不当利得に係る請求
三　契約上の債務の不履行による損害賠償の請求
四　瑕疵担保責任に基づく損害賠償の請求
五　不法行為に基づく損害賠償の請求（民法（明治29年法律第89号）の規定によるものに限る。）
2　次に掲げる損害については、前項第3

号から第5号までに掲げる請求に係る金銭の支払義務についての共通義務確認の訴えを提起することができない。
一　契約上の債務の不履行、物品、権利その他の消費者契約の目的となるもの（役務を除く。以下この号及び次号において同じ。）の瑕疵又は不法行為により、消費者契約の目的となるもの以外の財産が滅失し、又は損傷したことによる損害
二　消費者契約の目的となるものの提供があるとすればその処分又は使用により得るはずであった利益を喪失したことによる損害
三　契約上の債務の不履行、消費者契約の目的となる役務の瑕疵又は不法行為により、消費者契約による製造、加工、修理、運搬又は保管に係る物品その他の消費者契約の目的となる役務の対象となったもの以外の財産が滅失し、又は損傷したことによる損害
四　消費者契約の目的となる役務の提供があるとすれば当該役務を利用すること又は当該役務の対象となったものを処分し、若しくは使用することにより得るはずであった利益を喪失したことによる損害
五　人の生命又は身体を害されたことによる損害
六　精神上の苦痛を受けたことによる損害

3　次の各号に掲げる請求に係る金銭の支払義務についての共通義務確認の訴えについては、当該各号に定める者を被告とする。
一　第1項第1号から第4号までに掲げる請求　消費者契約の相手方である事業者
二　第1項第5号に掲げる請求　消費者契約の相手方である事業者若しくはその債務の履行をする事業者又は消費者契約の締結について勧誘をし、当該勧誘をさせ、若しくは当該勧誘を助長する事業者

4　裁判所は、共通義務確認の訴えに係る請求を認容する判決をしたとしても、事案の性質、当該判決を前提とする簡易確定手続において予想される主張及び立証の内容その他の事情を考慮して、当該簡易確定手続において対象債権の存否及び内容を適切かつ迅速に判断することが困難であると認めるときは、共通義務確認の訴えの全部又は一部を却下することができる。

（訴訟の目的の価額）
第4条　共通義務確認の訴えは、訴訟の目的の価額の算定については、財産権上の請求でない請求に係る訴えとみなす。

（訴状の記載事項）
第5条　共通義務確認の訴えの訴状には、対象債権及び対象消費者の範囲を記載して、請求の趣旨及び原因を特定しなければならない。

（管轄及び移送）
第6条　共通義務確認訴訟については、民事訴訟法（平成8年法律第109号）第5条（第5号に係る部分を除く。）の規定は、適用しない。
2　次の各号に掲げる請求に係る金銭の支払義務についての共通義務確認の訴えは、当該各号に定める地を管轄する地方裁判所にも提起することができる。
一　第3条第1項第1号から第4号までに掲げる請求　義務履行地
二　第3条第1項第5号に掲げる請求　不法行為があった地
3　対象消費者の数が500人以上であると見込まれるときは、民事訴訟法第4条第1項若しくは第5条第5号又は前項の規定による管轄裁判所の所在地を管轄する高等裁判所の所在地を管轄する地方裁判所にも、共通義務確認の訴えを提起することができる。
4　対象消費者の数が1000人以上であると

見込まれるときは、東京地方裁判所又は大阪地方裁判所にも、共通義務確認の訴えを提起することができる。

5　民事訴訟法第４条第１項、第５条第５号、第１１条第１項若しくは第１２条又は前３項の規定により二以上の地方裁判所が管轄権を有するときは、共通義務確認の訴えは、先に訴えの提起があった地方裁判所が管轄する。ただし、その地方裁判所は、著しい損害又は遅滞を避けるため必要があると認めるときは、申立てにより又は職権で、当該共通義務確認の訴えに係る訴訟の全部又は一部を他の管轄裁判所に移送することができる。

6　裁判所は、共通義務確認訴訟がその管轄に属する場合においても、他の裁判所に事実上及び法律上同種の原因に基づく請求を目的とする共通義務確認訴訟が係属している場合において、当事者の住所又は所在地、尋問を受けるべき証人の住所、争点又は証拠の共通性その他の事情を考慮して相当と認めるときは、申立てにより又は職権で、当該共通義務確認訴訟の全部又は一部について、当該他の裁判所に移送することができる。

（弁論等の必要的併合）

第７条　請求の内容及び相手方が同一である共通義務確認訴訟が数個同時に係属するときは、その弁論及び裁判は、併合してしなければならない。

2　前項に規定する場合には、当事者は、その旨を裁判所に申し出なければならない。

（補助参加の禁止）

第８条　消費者は、民事訴訟法第４２条の規定にかかわらず、共通義務確認訴訟の結果について利害関係を有する場合であっても、特定適格消費者団体を補助するため、その共通義務確認訴訟に参加することができない。

（確定判決の効力が及ぶ者の範囲）

第９条　共通義務確認訴訟の確定判決は、民事訴訟法第１１５条第１項の規定にかかわらず、当該共通義務確認訴訟の当事者以外の特定適格消費者団体及び当該共通義務確認訴訟に係る対象消費者の範囲に属する第３０条第２項第１号に規定する届出消費者に対してもその効力を有する。

（共通義務確認訴訟における和解）

第１０条　特定適格消費者団体は、共通義務確認訴訟において、当該共通義務確認訴訟の目的である第２条第４号に規定する義務の存否について、和解をすることができる。

（再審の訴え）

第１１条　共通義務確認の訴えが提起された場合において、原告及び被告が共謀して共通義務確認の訴えに係る対象消費者の権利を害する目的をもって判決をさせたときは、他の特定適格消費者団体は、確定した終局判決に対し、再審の訴えをもって、不服を申し立てることができる。

第２節　対象債権の確定手続
第１款　簡易確定手続
第１目　通則

（簡易確定手続の当事者等）

第１２条　簡易確定手続は、共通義務確認訴訟における請求を認容する判決が確定した時又は請求の認諾（第２条第４号に規定する義務が存することを認める旨の和解を含む。以下この款において同じ。）によって共通義務確認訴訟が終了した時に当事者であった特定適格消費者団体（第８７条第２項の規定による指定があった場合には、その指定を受けた特定適格消費者団体）の申立てにより、当該判決が確定した時又は請求の認諾によって当該共通義務確認訴訟が終了した時に当事者であった事業者を相手方として、共通義務確認訴訟の第一審の終局判決をした地方裁判所（第一審において請求の認諾によって共通義務確認訴訟が終了したときは、当該共通義務確認訴訟が係属していた地方裁判所）が行う。

159

（任意的口頭弁論）
第13条　簡易確定手続に関する裁判は、口頭弁論を経ないですることができる。
2　前項の規定により口頭弁論をしない場合には、裁判所は、当事者を審尋することができる。

第2目　簡易確定手続の開始

（簡易確定手続開始の申立義務）
第14条　第12条に規定する特定適格消費者団体は、正当な理由がある場合を除き、簡易確定手続開始の申立てをしなければならない。

（簡易確定手続開始の申立期間）
第15条　簡易確定手続開始の申立ては、共通義務確認訴訟における請求を認容する判決が確定した日又は請求の認諾によって共通義務確認訴訟が終了した日（第87条第2項の規定による指定があった場合には、その指定を受けた日）から1月の不変期間内にしなければならない。
2　前条の規定により簡易確定手続開始の申立てをしなければならない特定適格消費者団体がその責めに帰することができない事由により前項の期間を遵守することができなかった場合には、その事由が消滅した後2週間以内に限り、簡易確定手続開始の申立てをすることができる。

（簡易確定手続開始の申立ての方式）
第16条　簡易確定手続開始の申立ては、最高裁判所規則で定める事項を記載した書面でしなければならない。

（費用の予納）
第17条　簡易確定手続開始の申立てをするときは、申立てをする特定適格消費者団体は、第22条第1項の規定による公告及び同条第2項の規定による通知に要する費用として裁判所の定める金額を予納しなければならない。

（簡易確定手続開始の申立ての取下げ）
第18条　簡易確定手続開始の申立ては、裁判所の許可を得なければ、取り下げることができない。
2　民事訴訟法第261条第3項及び第262条第1項の規定は、前項の規定による申立ての取下げについて準用する。

（簡易確定手続開始決定）
第19条　裁判所は、簡易確定手続開始の申立てがあった場合には、当該申立てが不適法であると認めるとき又は第17条に規定する費用の予納がないときを除き、簡易確定手続開始の決定（以下「簡易確定手続開始決定」という。）をする。
2　簡易確定手続開始の申立てを却下する決定に対しては、即時抗告をすることができる。

（簡易確定手続開始決定の方式）
第20条　簡易確定手続開始決定は、対象債権及び対象消費者の範囲を記載した決定書を作成してしなければならない。

（簡易確定手続開始決定と同時に定めるべき事項）
第21条　裁判所は、簡易確定手続開始決定と同時に、当該簡易確定手続開始決定に係る簡易確定手続開始の申立てをした特定適格消費者団体（第87条第1項の規定による指定があった場合には、その指定を受けた特定適格消費者団体。以下「簡易確定手続申立団体」という。）が第30条第2項に規定する債権届出をすべき期間（以下「届出期間」という。）及びその債権届出に対して簡易確定手続の相手方（以下この款において単に「相手方」という。）が認否をすべき期間（以下「認否期間」という。）を定めなければならない。

（簡易確定手続開始の公告等）
第22条　裁判所は、簡易確定手続開始決定をしたときは、直ちに、官報に掲載して次に掲げる事項を公告しなければならない。
一　簡易確定手続開始決定の主文
二　対象債権及び対象消費者の範囲
三　簡易確定手続申立団体の名称及び住

四　届出期間及び認否期間
2　裁判所は、簡易確定手続申立団体及び相手方に対し、前項の規定により公告すべき事項を通知しなければならない。

（重複する簡易確定手続開始の申立ての禁止）
第23条　簡易確定手続開始決定がされた事件については、特定適格消費者団体は、更に簡易確定手続開始の申立てをすることができない。

（届出期間又は認否期間の伸長）
第24条　裁判所は、必要があると認めるときは、申立てにより又は職権で、届出期間又は認否期間の伸長の決定をすることができる。
2　裁判所は、前項の規定により届出期間又は認否期間の伸長の決定をしたときは、簡易確定手続申立団体及び相手方に対し、その旨を通知しなければならない。
3　裁判所は、第1項の規定により届出期間又は認否期間の伸長の決定をしたときは、直ちに、官報に掲載してその旨を公告しなければならない。

第3目　簡易確定手続申立団体による通知及び公告等

（簡易確定手続申立団体による通知）
第25条　簡易確定手続開始決定がされたときは、簡易確定手続申立団体は、正当な理由がある場合を除き、届出期間の末日の1月前までに、知れている対象消費者に対し、次に掲げる事項を書面又は電磁的方法（電子情報処理組織を使用する方法その他の情報通信の技術を利用する方法をいう。以下同じ。）であって内閣府令で定めるものにより通知しなければならない。
一　被害回復裁判手続の概要及び事案の内容
二　共通義務確認訴訟の確定判決の内容（請求の認諾がされた場合には、その内容）
三　対象債権及び対象消費者の範囲
四　簡易確定手続申立団体の名称及び住所
五　簡易確定手続申立団体が支払を受ける報酬又は費用がある場合には、その額又は算定方法、支払方法その他必要な事項
六　対象消費者が簡易確定手続申立団体に対して第31条第1項の授権をする方法及び期間
七　その他内閣府令で定める事項
2　簡易確定手続申立団体が二以上ある場合において、いずれか一の簡易確定手続申立団体が前項の規定による通知をしたときは、他の簡易確定手続申立団体は、同項の規定にかかわらず、同項の規定による通知をすることを要しない。

（簡易確定手続申立団体による公告等）
第26条　簡易確定手続開始決定がされたときは、簡易確定手続申立団体は、正当な理由がある場合を除き、届出期間の末日の1月前までに、前条第1項各号に掲げる事項を相当な方法により公告しなければならない。
2　簡易確定手続申立団体が二以上ある場合において、いずれか一の簡易確定手続申立団体が前項の規定による公告をしたときは、他の簡易確定手続申立団体は、同項の規定にかかわらず、同項の規定による公告をすることを要しない。
3　第1項の規定による公告後、届出期間中に前条第1項第4号に掲げる事項に変更があったときは、当該変更に係る簡易確定手続申立団体は、遅滞なく、その旨を、相当な方法により公告するとともに、裁判所及び相手方に通知しなければならない。この場合において、当該通知を受けた裁判所は、直ちに、官報に掲載してその旨を公告しなければならない。
4　第1項の規定による公告後、届出期間中に前条第1項第5号から第7号までに

掲げる事項に変更があったときは、当該変更に係る簡易確定手続申立団体は、遅滞なく、その旨を、相当な方法により公告しなければならない。

（相手方による公表）
第27条　相手方は、簡易確定手続申立団体の求めがあるときは、遅滞なく、インターネットの利用、営業所その他の場所において公衆に見やすいように掲示する方法その他これらに類する方法により、届出期間中、第22条第1項各号に掲げる事項（同項第3号又は第4号に掲げる事項に変更があったときは、変更後の当該各号に掲げる事項）を公表しなければならない。

（情報開示義務）
第28条　相手方は、対象消費者の氏名及び住所又は連絡先（内閣府令で定めるものに限る。次項において同じ。）が記載された文書（電磁的記録（電子的方式、磁気的方式その他人の知覚によっては認識することができない方式で作られる記録であって、電子計算機による情報処理の用に供されるものをいう。以下同じ。）をもって作成されている場合における当該電磁的記録を含む。以下この条及び次条において同じ。）を所持する場合において、届出期間中に簡易確定手続申立団体の求めがあるときは、当該文書を当該簡易確定手続申立団体に開示することを拒むことができない。ただし、相手方が開示すべき文書の範囲を特定するために不相当な費用又は時間を要するときは、この限りでない。
2　前項に規定する文書の開示は、その写しの交付（電磁的記録については、当該電磁的記録を出力した書面の交付又は当該電磁的記録に記録された情報の電磁的方法による提供であって内閣府令で定めるもの）により行う。この場合において、相手方は、個人（対象消費者でないことが明らかである者を除く。）の氏名及び住所又は連絡先が記載された部分以外の部分を除いて開示することができる。
3　相手方は、第1項に規定する文書の開示をしないときは、簡易確定手続申立団体に対し、速やかに、その旨及びその理由を書面により通知しなければならない。

（情報開示命令等）
第29条　簡易確定手続申立団体は、届出期間中、裁判所に対し、情報開示命令（前条第1項の規定により相手方が簡易確定手続申立団体に開示しなければならない文書について、同条第2項に規定する方法による開示を相手方に命ずる旨の決定をいう。以下この条において同じ。）の申立てをすることができる。
2　情報開示命令の申立ては、文書の表示を明らかにしてしなければならない。
3　裁判所は、情報開示命令の申立てを理由があると認めるときは、情報開示命令を発する。
4　裁判所は、情報開示命令の申立てについて決定をする場合には、相手方を審尋しなければならない。
5　情報開示命令の申立てについての決定に対しては、即時抗告をすることができる。
6　情報開示命令は、執行力を有しない。
7　相手方が正当な理由なく情報開示命令に従わないときは、裁判所は、決定で、30万円以下の過料に処する。
8　前項の決定に対しては、即時抗告をすることができる。
9　民事訴訟法第189条の規定は、第7項の規定による過料の裁判について準用する。

第4目　対象債権の確定

（債権届出）
第30条　簡易確定手続開始決定に係る対象債権については、簡易確定手続申立団体に限り、届け出ることができる。
2　前項の規定による届出（以下「債権届出」という。）は、届出期間内に、次に

掲げる事項を記載した書面（以下この節において「届出書」という。）を簡易確定手続開始決定をした裁判所に提出してしなければならない。
一　対象債権について債権届出をする簡易確定手続申立団体、相手方及び届出消費者（対象債権として裁判所に債権届出があった債権（以下「届出債権」という。）の債権者である消費者をいう。以下同じ。）並びにこれらの法定代理人
二　請求の趣旨及び原因（請求の原因については、共通義務確認訴訟において認められた義務に係る事実上及び法律上の原因を前提とするものに限る。）
三　前２号に掲げるもののほか、最高裁判所規則で定める事項
3　簡易確定手続申立団体は、債権届出の時に対象消費者が事業者に対して対象債権に基づく訴えを提起するとすれば民事訴訟法第１編第２章第１節の規定により日本の裁判所が管轄権を有しないときは、第１項の規定にかかわらず、当該対象債権については、債権届出をすることができない。
4　簡易確定手続申立団体は、対象消費者が提起したその有する対象債権に基づく訴訟が裁判所に係属しているときは、第１項の規定にかかわらず、当該対象債権については、債権届出をすることができない。

（簡易確定手続についての対象消費者の授権）
第31条　簡易確定手続申立団体は、対象債権について債権届出をし、及び当該対象債権について簡易確定手続を追行するには、当該対象債権に係る対象消費者の授権がなければならない。
2　前項の対象消費者は、簡易確定手続申立団体のうちから一の簡易確定手続申立団体を限り、同項の授権をすることができる。

3　第１項の授権をした対象消費者は、当該授権を取り消すことができる。
4　前項の規定による第１項の授権の取消しは、当該授権をした対象消費者又は当該授権を得た簡易確定手続申立団体から相手方に通知しなければ、その効力を生じない。
5　第１項の授権を得た簡易確定手続申立団体の第65条第１項に規定する特定認定が、第74条第１項各号に掲げる事由により失効し、又は第86条第１項各号若しくは第２項各号に掲げる事由により取り消されたときは、当該授権は、その効力を失う。
6　簡易確定決定があるまでに簡易確定手続申立団体が届出債権について第１項の授権を欠いたとき（前項の規定により当該授権がその効力を失ったときを除く。）は、当該届出債権については、債権届出の取下げがあったものとみなす。
7　債権届出に係る簡易確定手続申立団体（以下「債権届出団体」という。）の第65条第１項に規定する特定認定が、簡易確定決定があるまでに、第74条第１項各号に掲げる事由により失効し、又は第86条第１項各号若しくは第２項各号に掲げる事由により取り消されたときは、届出消費者は、第２項の規定にかかわらず、第87条第６項の規定による公示がされた後１月の不変期間内に、同条第１項の規定による指定を受けた特定適格消費者団体に第１項の授権をすることができる。
8　前項の届出消費者が同項の期間内に第１項の授権をしないときは、その届出債権については、債権届出の取下げがあったものとみなす。
9　簡易確定決定があった後に、届出消費者が第３項の規定により第１項の授権を取り消したときは、当該届出消費者は、更に簡易確定手続申立団体に同項の授権をすることができない。

（説明義務）
第32条　簡易確定手続申立団体は、前条第1項の授権に先立ち、当該授権をしようとする者に対し、内閣府令で定めるところにより、被害回復裁判手続の概要及び事案の内容その他内閣府令で定める事項について、これを記載した書面を交付し、又はこれを記録した電磁的記録を提供して説明をしなければならない。

（簡易確定手続授権契約の締結及び解除）
第33条　簡易確定手続申立団体は、やむを得ない理由があるときを除いては、簡易確定手続授権契約（対象消費者が第31条第1項の授権をし、簡易確定手続申立団体が対象債権について債権届出をすること及び簡易確定手続を追行することを約する契約をいう。以下同じ。）の締結を拒絶してはならない。
2　第31条第1項の授権を得た簡易確定手続申立団体は、やむを得ない理由があるときを除いては、簡易確定手続授権契約を解除してはならない。

（公平誠実義務等）
第34条　第31条第1項の授権を得た簡易確定手続申立団体は、当該授権をした対象消費者のために、公平かつ誠実に債権届出、簡易確定手続の追行及び第2条第9号ロに規定する民事執行の手続の追行（当該授権に係る債権に係る裁判外の和解を含む。）並びにこれらに伴い取得した金銭その他の財産の管理をしなければならない。
2　第31条第1項の授権を得た簡易確定手続申立団体は、当該授権をした対象消費者に対し、善良な管理者の注意をもって前項に規定する行為をしなければならない。

（届出書の送達）
第35条　裁判所は、第30条第2項の規定による届出書の提出を受けたときは、次条第1項又は第63条第1項の規定により債権届出を却下する場合を除き、遅滞なく、当該届出書を相手方に送達しなければならない。

（不適法な債権届出の却下）
第36条　裁判所は、債権届出が不適法であると認めるとき、又は届出書の送達に必要な費用の予納がないときは、決定で、当該債権届出を却下しなければならない。
2　前項の決定に対しては、即時抗告をすることができる。

（簡易確定手続における和解）
第37条　債権届出団体は、簡易確定手続において、届出債権について、和解をすることができる。

（時効の中断）
第38条　債権届出があったときは、時効の中断に関しては、簡易確定手続の前提となる共通義務確認の訴えを提起した時に、裁判上の請求があったものとみなす。

（債権届出の内容の変更の制限）
第39条　債権届出団体は、届出期間内に限り、当該債権届出の内容を変更することができる。

（債権届出の取下げ）
第40条　債権届出は、簡易確定決定に対し適法な異議の申立てがあるまで、その全部又は一部を取り下げることができる。ただし、簡易確定決定があった後にあっては、相手方の同意を得なければ、その効力を生じない。
2　民事訴訟法第261条第3項及び第262条第1項の規定は、前項の規定による債権届出の取下げについて準用する。

（届出消費者表の作成等）
第41条　裁判所書記官は、届出債権について、届出消費者表を作成しなければならない。
2　前項の届出消費者表には、各届出債権について、その内容その他最高裁判所規則で定める事項を記載しなければならない。

3　届出消費者表の記載に誤りがあるときは、裁判所書記官は、申立てにより又は職権で、いつでもその記載を更正する処分をすることができる。

（届出債権の認否）

第42条　相手方は、届出期間内に債権届出があった届出債権の内容について、認否期間内に、認否をしなければならない。

2　認否期間内に前項の認否（以下「届出債権の認否」という。）がないときは、相手方において、届出期間内に債権届出があった届出債権の内容の全部を認めたものとみなす。

3　相手方が、認否期間内に届出債権の内容の全部を認めたときは、当該届出債権の内容は、確定する。

4　裁判所書記官は、届出債権の認否の内容を届出消費者表に記載しなければならない。

5　第3項の規定により確定した届出債権については、届出消費者表の記載は、確定判決と同一の効力を有する。この場合において、債権届出団体は、確定した届出債権について、相手方に対し、届出消費者表の記載により強制執行をすることができる。

（認否を争う旨の申出）

第43条　債権届出団体は、前条第3項の規定により届出債権の内容が確定したときを除き、届出債権の認否に対し、認否期間の末日から1月の不変期間内に、裁判所に届出債権の認否を争う旨の申出（以下単に「認否を争う旨の申出」という。）をすることができる。

2　裁判所は、認否を争う旨の申出が不適法であると認めるときは、決定で、これを却下しなければならない。

3　前項の決定に対しては、即時抗告をすることができる。

4　裁判所書記官は、認否を争う旨の申出の有無を届出消費者表に記載しなければならない。

（簡易確定決定）

第44条　裁判所は、適法な認否を争う旨の申出があったときは、第36条第1項又は第63条第1項の規定により債権届出を却下する場合を除き、簡易確定決定をしなければならない。

2　裁判所は、簡易確定決定をする場合には、当事者双方を審尋しなければならない。

3　簡易確定決定は、主文及び理由の要旨を記載した決定書を作成してしなければならない。

4　届出債権の支払を命ずる簡易確定決定（第55条及び第83条第1項第2号において「届出債権支払命令」という。）については、裁判所は、必要があると認めるときは、申立てにより又は職権で、担保を立てて、又は立てないで仮執行をすることができることを宣言することができる。

5　第3項の決定書は、当事者に送達しなければならない。この場合においては、簡易確定決定の効力は、当事者に送達された時に生ずる。

（証拠調べの制限）

第45条　簡易確定決定のための審理においては、証拠調べは、書証に限りすることができる。

2　文書の提出又は対照の用に供すべき筆跡若しくは印影を備える物件の提出の命令は、することができない。

3　前2項の規定は、裁判所が職権で調査すべき事項には、適用しない。

（異議の申立て等）

第46条　当事者は、簡易確定決定に対し、第44条第5項の規定による送達を受けた日から1月の不変期間内に、当該簡易確定決定をした裁判所に異議の申立てをすることができる。

2　届出消費者は、簡易確定決定に対し、債権届出団体が第44条第5項の規定に

よる送達を受けた日から1月の不変期間内に、当該簡易確定決定をした裁判所に異議の申立てをすることができる。
3　裁判所は、異議の申立てが不適法であると認めるときは、決定で、これを却下しなければならない。
4　前項の決定に対しては、即時抗告をすることができる。
5　適法な異議の申立てがあったときは、簡易確定決定は、仮執行の宣言を付したものを除き、その効力を失う。
6　適法な異議の申立てがないときは、簡易確定決定は、確定判決と同一の効力を有する。
7　民事訴訟法第358条及び第360条の規定は、第1項及び第2項の異議について準用する。

（認否を争う旨の申出がないときの届出債権の確定等）
第47条　適法な認否を争う旨の申出がないときは、届出債権の内容は、届出債権の認否の内容により確定する。
2　前項の規定により確定した届出債権については、届出消費者表の記載は、確定判決と同一の効力を有する。この場合において、債権届出団体は、確定した届出債権について、相手方に対し、届出消費者表の記載により強制執行をすることができる。

第5目　費用の負担
（個別費用を除く簡易確定手続の費用の負担）
第48条　簡易確定手続の費用（債権届出の手数料及び簡易確定手続における届出債権に係る申立ての手数料（次条第1項及び第3項において「個別費用」と総称する。）を除く。以下この条において同じ。）は、各自が負担する。
2　前項の規定にかかわらず、裁判所は、事情により、同項の規定によれば当事者がそれぞれ負担すべき費用の全部又は一部を、その負担すべき者以外の当事者に負担させることができる。
3　裁判所は、簡易確定手続に係る事件が終了した場合において、必要があると認めるときは、申立てにより又は職権で、簡易確定手続の費用の負担を命ずる決定をすることができる。
4　前項の決定に対しては、即時抗告をすることができる。
5　民事訴訟法第69条から第72条まで及び第74条の規定は、簡易確定手続の費用の負担について準用する。

（個別費用の負担）
第49条　裁判所は、届出債権について簡易確定手続に係る事件が終了した場合（第52条第1項の規定により訴えの提起があったものとみなされた場合には、異議後の訴訟が終了した場合）において、必要があると認めるときは、申立てにより又は職権で、当該事件に関する個別費用の負担を命ずる決定をすることができる。
2　前項の決定に対しては、即時抗告をすることができる。
3　民事訴訟法第1編第4章第1節（第65条、第66条、第67条第2項及び第73条を除く。）の規定は、個別費用の負担について準用する。

第6目　補則
（民事訴訟法の準用）
第50条　特別の定めがある場合を除き、簡易確定手続については、その性質に反しない限り、民事訴訟法第2条、第14条、第16条、第21条、第22条、第1編第2章第3節、第3章（第30条、第40条から第49条まで、第52条及び第53条を除く。）、第5章（第87条、第2節、第116条及び第118条を除く。）及び第7章、第2編第1章（第133条、第134条、第137条第2項及び第3項、第138条第1項、第139条、第140条並びに第143条から第146条までを除く。）、第3章（第156条の2、第157条の2、

第 158 条、第 159 条第 3 項、第 161 条第 3 項及び第 3 節を除く。）、第 4 章（第 7 節を除く。)、第 5 章（第 245 条、第 249 条から第 252 条まで、第 253 条第 2 項、第 254 条、第 255 条、第 258 条第 2 項から第 4 項まで並びに第 259 条第 1 項及び第 2 項を除く。）及び第 6 章（第 261 条から第 263 条まで及び第 266 条を除く。)、第 3 編第 3 章、第 4 編並びに第 8 編（第 403 条第 1 項第 2 号及び第 4 号から第 6 号までを除く。）の規定を準用する。

（送達の特例）

第 51 条　前条において準用する民事訴訟法第 104 条第 1 項前段の規定による届出がない場合には、送達は、次の各号に掲げる区分に応じ、それぞれ当該各号に定める場所においてする。

一　共通義務確認訴訟において民事訴訟法第 104 条第 1 項前段の規定による届出があった場合　当該届出に係る場所

二　共通義務確認訴訟において民事訴訟法第 104 条第 1 項前段の規定による届出がなかった場合　当該共通義務確認訴訟における同条第 3 項に規定する場所

　　　第 2 款　異議後の訴訟に係る民事訴訟手続の特例

（訴え提起の擬制等）

第 52 条　簡易確定決定に対し適法な異議の申立てがあったときは、債権届出に係る請求については、当該債権届出の時に、当該債権届出に係る債権届出団体（当該債権届出に係る届出消費者が当該異議の申立てをしたときは、その届出消費者）を原告として、当該簡易確定決定をした地方裁判所に訴えの提起があったものとみなす。この場合においては、届出書を訴状と、第 35 条の規定による送達を訴状の送達とみなす。

2　前項の規定により訴えの提起があったものとみなされる事件は、同項の地方裁判所の管轄に専属する。

3　前項の事件が係属する地方裁判所は、著しい損害又は遅滞を避けるため必要があると認めるときは、同項の規定にかかわらず、申立てにより又は職権で、その事件に係る訴訟を民事訴訟法第 4 条第 1 項又は第 5 条第 1 号、第 5 号若しくは第 9 号の規定により管轄権を有する地方裁判所に移送することができる。

（異議後の訴訟についての届出消費者の授権）

第 53 条　債権届出団体は、異議後の訴訟を追行するには、届出消費者の授権がなければならない。

2　届出消費者は、その届出債権に係る債権届出団体に限り、前項の授権をすることができる。

3　届出消費者が第 8 項において準用する第 31 条第 3 項の規定により第 1 項の授権を取り消し、又は自ら異議後の訴訟を追行したときは、当該届出消費者は、更に債権届出団体に同項の授権をすることができない。

4　債権届出団体は、正当な理由があるときを除いては、訴訟授権契約（届出消費者が第 1 項の授権をし、債権届出団体が異議後の訴訟を追行することを約する契約をいう。以下同じ。）の締結を拒絶してはならない。

5　第 1 項の授権を得た債権届出団体は、正当な理由があるときを除いては、訴訟授権契約を解除してはならない。

6　第 1 項の授権を得た債権届出団体は、当該授権をした届出消費者のために、公平かつ誠実に異議後の訴訟の追行及び第 2 条第 9 号ロに規定する民事執行の手続の追行（当該授権に係る債権に係る裁判外の和解を含む。）並びにこれらに伴い取得した金銭その他の財産の管理をしなければならない。

7　第 1 項の授権を得た債権届出団体は、当該授権をした届出消費者に対し、善良な管理者の注意をもって前項に規定する

8　第31条第3項から第5項まで及び第32条の規定は、第1項の授権について準用する。

9　民事訴訟法第58条第2項並びに第124条第1項（第6号に係る部分に限る。）及び第2項の規定は、異議後の訴訟において債権届出団体が第1項の授権を欠くときについて準用する。

（訴えの変更の制限等）

第54条　異議後の訴訟においては、原告は、訴えの変更（届出消費者又は請求額の変更を内容とするものを除く。）をすることができない。

2　異議後の訴訟においては、反訴を提起することができない。

（異議後の判決）

第55条　仮執行の宣言を付した届出債権支払命令に係る請求について第52条第1項の規定により訴えの提起があったものとみなされた場合において、当該訴えについてすべき判決が届出債権支払命令と符合するときは、その判決において、届出債権支払命令を認可しなければならない。ただし、届出債権支払命令の手続が法律に違反したものであるときは、この限りでない。

2　前項の規定により届出債権支払命令を認可する場合を除き、仮執行の宣言を付した届出債権支払命令に係る請求について第52条第1項の規定により訴えの提起があったものとみなされた場合における当該訴えについてすべき判決においては、届出債権支払命令を取り消さなければならない。

第3節　特定適格消費者団体のする仮差押え

（特定適格消費者団体のする仮差押え）

第56条　特定適格消費者団体は、当該特定適格消費者団体が取得する可能性のある債務名義に係る対象債権の実現を保全するため、民事保全法の規定により、仮差押命令の申立てをすることができる。

2　特定適格消費者団体は、保全すべき権利に係る金銭の支払義務について共通義務確認の訴えを提起することができる場合に限り、前項の申立てをすることができる。

3　第1項の申立てにおいては、保全すべき権利について、対象債権及び対象消費者の範囲並びに当該特定適格消費者団体が取得する可能性のある債務名義に係る対象債権の総額を明らかにすれば足りる。

4　特定適格消費者団体は、対象債権について、第1項の規定によるもののほか、保全命令の申立てをすることができない。

（管轄）

第57条　前条第1項の申立てに関する民事保全法第11条の規定の適用については、共通義務確認の訴えを本案の訴えとみなす。

2　民事保全法第12条第1項及び第3項の規定の適用については、共通義務確認訴訟の管轄裁判所を本案の管轄裁判所とみなす。

（保全取消しに関する本案の特例）

第58条　第56条第1項の申立てに係る仮差押命令（以下単に「仮差押命令」という。）に関する民事保全法第37条第1項、第3項及び第4項の規定の適用については、当該申立てに係る仮差押えの手続の当事者である特定適格消費者団体がした共通義務確認の訴えの提起を本案の訴えの提起とみなす。

2　前項の共通義務確認の訴えに係る請求を認容する判決が確定したとき又は請求の認諾（第2条第4号に規定する義務が存することを認める旨の和解を含む。）によって同項の共通義務確認の訴えに係る訴訟が終了したときは、同項の特定適格消費者団体が簡易確定手続開始の申立てをすることができる期間及び当該特定適格消費者団体を当事者とする簡易確定手続又は異議後の訴訟が係属している間

は、民事保全法第37条第1項及び第3項の規定の適用については、本案の訴えが係属しているものとみなす。

3　民事保全法第38条及び第40条の規定の適用については、第56条第1項の申立に係る仮差押えの手続の当事者である特定適格消費者団体が提起した共通義務確認訴訟に係る第一審裁判所（当該共通義務確認訴訟が控訴審に係属するときは、控訴裁判所）を本案の裁判所とみなす。

（仮差押えをした特定適格消費者団体の義務）
第59条　特定適格消費者団体は、仮差押命令に係る仮差押えの執行がされている財産について強制執行の申立てをし、又は当該財産について強制執行若しくは担保権の実行の手続がされている場合において配当要求をするときは、当該特定適格消費者団体が取得した債務名義及び取得することとなる債務名義に係る届出債権を平等に取り扱わなければならない。

第4節　補則
（訴訟代理権の不消滅）
第60条　訴訟代理権は、被害回復裁判手続の当事者である特定適格消費者団体の第65条第1項に規定する特定認定が、第74条第1項各号に掲げる事由により失効し、又は第86条第1項各号若しくは第2項各号に掲げる事由により取り消されたことによっては、消滅しない。

（手続の中断及び受継）
第61条　次の各号に掲げる手続の当事者である特定適格消費者団体の第65条第1項に規定する特定認定が、第74条第1項各号に掲げる事由により失効し、又は第86条第1項各号若しくは第2項各号に掲げる事由により取り消されたときは、その手続は、中断する。この場合において、それぞれ当該各号に定める者は、その手続を受け継がなければならない。

一　共通義務確認訴訟の手続、簡易確定手続（次号に掲げる簡易確定手続を除く。）又は仮差押命令に係る仮差押えの手続（仮差押えの執行に係る訴訟手続を含む。）　第87条第1項の規定による指定を受けた特定適格消費者団体

二　簡易確定手続（簡易確定決定があった後の手続に限る。）又は異議後の訴訟の手続　第87条第1項の規定による指定を受けた特定適格消費者団体（第31条第1項又は第53条第1項の授権を得た場合に限る。）又は届出消費者

三　特定適格消費者団体が対象債権に関して取得した債務名義に係る民事執行に係る訴訟手続　第87条第3項の規定による指定を受けた特定適格消費者団体

2　前項の規定は、訴訟代理人がある間は、適用しない。

3　第1項（第1号に係る部分に限る。）の規定は、共通義務確認訴訟又は簡易確定手続（特定適格消費者団体であった法人が債権届出をした場合を除く。）において、他に当事者である特定適格消費者団体がある場合には、適用しない。

（関連する請求に係る訴訟手続の中止）
第62条　共通義務確認訴訟が係属する場合において、当該共通義務確認訴訟の当事者である事業者と対象消費者との間に他の訴訟が係属し、かつ、当該他の訴訟が当該共通義務確認訴訟の目的である請求又は防御の方法と関連する請求に係るものであるときは、当該他の訴訟の受訴裁判所は、当事者の意見を聴いて、決定で、その訴訟手続の中止を命ずることができる。

2　前項の受訴裁判所は、同項の決定を取り消すことができる。

（共通義務確認訴訟の判決が再審により取り消された場合の取扱い）
第63条　簡易確定手続開始決定の前提

となった共通義務確認訴訟の判決が再審により取り消された場合には、簡易確定手続が係属する裁判所は、決定で、債権届出（当該簡易確定手続開始決定の前提となった共通義務確認訴訟の判決が取り消されたことによってその前提を欠くこととなる部分に限る。）を却下しなければならない。
2 前項の決定に対しては、即時抗告をすることができる。
3 第1項の場合には、第52条第1項の規定により訴えの提起があったものとみなされる事件が係属する裁判所は、判決で、当該訴え（当該簡易確定手続開始決定の前提となった共通義務確認訴訟の判決が取り消されたことによってその前提を欠くこととなる部分に限る。）を却下しなければならない。

（最高裁判所規則）
第64条　この章に定めるもののほか、被害回復裁判手続に関し必要な事項は、最高裁判所規則で定める。

第3章　特定適格消費者団体
第1節　特定適格消費者団体の認定等

（特定適格消費者団体の認定）
第65条　適格消費者団体は、内閣総理大臣の認定（以下「特定認定」という。）を受けた場合に限り、被害回復関係業務を行うことができる。
2 前項に規定する「被害回復関係業務」とは、次に掲げる業務をいう。
　一　被害回復裁判手続に関する業務（第31条第1項又は第53条第1項の授権に係る債権に係る裁判外の和解を含む。）
　二　前号に掲げる業務の遂行に必要な消費者の被害に関する情報の収集に係る業務
　三　第1号に掲げる業務に付随する対象消費者に対する情報の提供及び金銭その他の財産の管理に係る業務

3 特定認定を受けようとする適格消費者団体は、内閣総理大臣に特定認定の申請をしなければならない。
4 内閣総理大臣は、前項の申請をした適格消費者団体が次に掲げる要件の全てに適合しているときに限り、特定認定をすることができる。
　一　差止請求関係業務（消費者契約法第13条第1項に規定する差止請求関係業務をいう。以下同じ。）を相当期間にわたり継続して適正に行っていると認められること。
　二　第2項に規定する被害回復関係業務（以下単に「被害回復関係業務」という。）の実施に係る組織、被害回復関係業務の実施の方法、被害回復関係業務に関して知り得た情報の管理及び秘密の保持の方法、被害回復関係業務の実施に関する金銭その他の財産の管理の方法その他の被害回復関係業務を適正に遂行するための体制及び業務規程が適切に整備されていること。
　三　その理事に関し、次に掲げる要件に適合するものであること。
　　イ　被害回復関係業務の執行を決定する機関として理事をもって構成する理事会が置かれており、かつ、定款で定めるその決定の方法が次に掲げる要件に適合していると認められること。
　　　(1)　当該理事会の決議が理事の過半数又はこれを上回る割合以上の多数決により行われるものとされていること。
　　　(2)　共通義務確認の訴えの提起その他の被害回復関係業務の執行に係る重要な事項の決定が理事その他の者に委任されていないこと。
　　ロ　理事のうち1人以上が弁護士であること。
　四　共通義務確認の訴えの提起その他の被害回復裁判手続についての検討を行

消費者の財産的被害の集団的な回復のための民事の裁判手続の特例に関する法律

う部門において消費者契約法第13条第3項第5号イ及びロに掲げる者(以下「専門委員」と総称する。)が共にその専門的な知識経験に基づいて必要な助言を行い又は意見を述べる体制が整備されていることその他被害回復関係業務を遂行するための人的体制に照らして、被害回復関係業務を適正に遂行することができる専門的な知識経験を有すると認められること。
　五　被害回復関係業務を適正に遂行するに足りる経理的基礎を有すること。
　六　被害回復関係業務に関して支払を受ける報酬又は費用がある場合には、その額又は算定方法、支払方法その他必要な事項を定めており、これが消費者の利益の擁護の見地から不当なものでないこと。
　七　被害回復関係業務以外の業務を行うことによって被害回復関係業務の適正な遂行に支障を及ぼすおそれがないこと。
5　前項第2号の業務規程には、被害回復関係業務の実施の方法、被害回復関係業務に関して知り得た情報の管理及び秘密の保持の方法、被害回復関係業務の実施に関する金銭その他の財産の管理の方法その他の内閣府令で定める事項が定められていなければならない。この場合において、業務規程に定める被害回復関係業務の実施の方法には、簡易確定手続授権契約及び訴訟授権契約の内容並びに請求の放棄、和解又は上訴の取下げをしようとする場合において第31条第1項又は第53条第1項の授権をした者(第76条において単に「授権をした者」という。)の意思を確認するための措置、前項第4号の検討を行う部門における専門委員からの助言又は意見の聴取に関する措置及び役員、職員又は専門委員が被害回復裁判手続の相手方と特別の利害関係を有する場合の措置その他業務の公正な実施の

確保に関する措置が含まれていなければならない。
6　次のいずれかに該当する適格消費者団体は、特定認定を受けることができない。
　一　この法律、消費者契約法その他消費者の利益の擁護に関する法律で政令で定めるもの若しくはこれらの法律に基づく命令の規定又はこれらの規定に基づく処分に違反して罰金の刑に処せられ、その刑の執行を終わり、又はその刑の執行を受けることがなくなった日から3年を経過しないもの
　二　第86条第1項各号又は第2項各号に掲げる事由により特定認定を取り消され、その取消しの日から3年を経過しないもの
　三　役員のうちに次のいずれかに該当する者のあるもの
　　イ　この法律、消費者契約法その他消費者の利益の擁護に関する法律で政令で定めるもの若しくはこれらの法律に基づく命令の規定又はこれらの規定に基づく処分に違反して罰金の刑に処せられ、その刑の執行を終わり、又はその刑の執行を受けることがなくなった日から3年を経過しない者
　　ロ　特定適格消費者団体が第86条第1項各号又は第2項各号に掲げる事由により特定認定を取り消された場合において、その取消しの日前6月以内に当該特定適格消費者団体の役員であった者でその取消しの日から3年を経過しないもの

(特定認定の申請)
第66条　前条第3項の申請は、次に掲げる事項を記載した申請書を内閣総理大臣に提出してしなければならない。
　一　名称及び住所並びに代表者の氏名
　二　被害回復関係業務を行おうとする事務所の所在地
　三　前2号に掲げるもののほか、内閣府

令で定める事項
2　前項の申請書には、次に掲げる書類を添付しなければならない。
一　定款
二　差止請求関係業務を相当期間にわたり継続して適正に行っていることを証する書類
三　被害回復関係業務に関する業務計画書
四　被害回復関係業務を適正に遂行するための体制が整備されていることを証する書類
五　業務規程
六　役員、職員及び専門委員に関する次に掲げる書類
　　イ　氏名、役職及び職業を記載した書類
　　ロ　住所、略歴その他内閣府令で定める事項を記載した書類
七　最近の事業年度における財産目録、貸借対照表、収支計算書その他の経理的基礎を有することを証する書類
八　被害回復関係業務に関して支払を受ける報酬又は費用がある場合には、その額又は算定方法、支払方法その他必要な事項を記載した書類
九　前条第6項各号のいずれにも該当しないことを誓約する書面
十　被害回復関係業務以外に行う業務の種類及び概要を記載した書類
十一　その他内閣府令で定める書類

（特定認定の申請に関する公告及び縦覧）
第67条　内閣総理大臣は、特定認定の申請があった場合には、遅滞なく、内閣府令で定めるところにより、その旨並びに前条第1項第1号及び第2号に掲げる事項を公告するとともに、同条第2項各号（第6号ロ、第9号及び第11号を除く。）に掲げる書類を、公告の日から2週間、公衆の縦覧に供しなければならない。

（特定認定の公示等）
第68条　内閣総理大臣は、特定認定をしたときは、内閣府令で定めるところにより、当該特定適格消費者団体の名称及び住所、被害回復関係業務を行う事務所の所在地並びに当該特定認定をした日を公示するとともに、当該特定適格消費者団体に対し、その旨を書面により通知するものとする。
2　特定適格消費者団体は、内閣府令で定めるところにより、特定適格消費者団体である旨を、被害回復関係業務を行う事務所において見やすいように掲示しなければならない。
3　特定適格消費者団体でない者は、その名称中に特定適格消費者団体であると誤認されるおそれのある文字を用い、又はその業務に関し、特定適格消費者団体であると誤認されるおそれのある表示をしてはならない。

（特定認定の有効期間等）
第69条　特定認定の有効期間は、当該特定認定の日から起算して3年とする。ただし、当該特定認定の日における当該特定認定に係る消費者契約法第13条第1項の認定の有効期間の残存期間が特定認定の有効期間より短い場合には、同項の認定の有効期間の残存期間と同一とする。
2　特定認定の有効期間の満了後引き続き被害回復関係業務を行おうとする特定適格消費者団体は、その有効期間の更新を受けなければならない。
3　前項の有効期間の更新を受けようとする特定適格消費者団体は、当該有効期間の満了の日の90日前から60日前までの間（以下この項において「更新申請期間」という。）に、内閣総理大臣に前項の有効期間の更新の申請をしなければならない。ただし、災害その他やむを得ない事由により更新申請期間にその申請をすることができないときは、この限りでない。

4　前項の申請があった場合において、当該有効期間の満了の日までにその申請に対する処分がされないときは、従前の特定認定は、当該有効期間の満了後もその処分がされるまでの間は、なお効力を有する。

5　前項の場合において、第2項の有効期間の更新がされたときは、その特定認定の有効期間は、従前の特定認定の有効期間の満了の日の翌日から起算するものとする。

6　第65条（第1項、第2項及び第6項第2号を除く。）、第66条、第67条及び前条第1項の規定は、第2項の有効期間の更新について準用する。ただし、第66条第2項各号に掲げる書類については、既に内閣総理大臣に提出されている当該書類の内容に変更がないときは、その添付を省略することができる。

（変更の届出）
第70条　特定適格消費者団体は、第66条第1項各号に掲げる事項又は同条第2項各号（第2号及び第11号を除く。）に掲げる書類に記載した事項に変更があったときは、遅滞なく、内閣府令で定めるところにより、その旨を記載した届出書を内閣総理大臣に提出しなければならない。ただし、その変更が内閣府令で定める軽微なものであるときは、この限りでない。

（合併の届出及び認可等）
第71条　特定適格消費者団体である法人が他の特定適格消費者団体である法人と合併をしたときは、合併後存続する法人又は合併により設立された法人は、合併により消滅した法人のこの法律の規定による特定適格消費者団体としての地位を承継する。

2　前項の規定により合併により消滅した法人のこの法律の規定による特定適格消費者団体としての地位を承継した法人は、遅滞なく、その旨を内閣総理大臣に届け出なければならない。

3　特定適格消費者団体である法人が特定適格消費者団体でない法人（適格消費者団体である法人に限る。）と合併をした場合には、合併後存続する法人又は合併により設立された法人は、その合併について内閣総理大臣の認可がされたときに限り、合併により消滅した法人のこの法律の規定による特定適格消費者団体としての地位を承継する。

4　前項の認可を受けようとする特定適格消費者団体は、その合併がその効力を生ずる日の90日前から60日前までの間（以下この項において「認可申請期間」という。）に、内閣総理大臣に認可の申請をしなければならない。ただし、災害その他やむを得ない事由により認可申請期間にその申請をすることができないときは、この限りでない。

5　前項の申請があった場合において、その合併がその効力を生ずる日までにその申請に対する処分がされないときは、合併後存続する法人又は合併により設立された法人は、その処分がされるまでの間は、合併により消滅した法人のこの法律の規定による特定適格消費者団体としての地位を承継しているものとみなす。

6　第65条（第1項及び第2項を除く。）、第66条、第67条及び第68条第1項の規定は、第3項の認可について準用する。

7　特定適格消費者団体である法人は、特定適格消費者団体でない法人と合併をする場合において、第4項の申請をしないときは、その合併がその効力を生ずる日までに、その旨を内閣総理大臣に届け出なければならない。

8　内閣総理大臣は、第2項又は前項の規定による届出があったときは、内閣府令で定めるところにより、その旨を公示するものとする。

（事業の譲渡の届出及び認可等）
第72条　特定適格消費者団体である法

人が他の特定適格消費者団体である法人に対し被害回復関係業務に係る事業の全部の譲渡をしたときは、その譲渡を受けた法人は、その譲渡をした法人のこの法律の規定による特定適格消費者団体としての地位を承継する。

2 前項の規定によりその譲渡をした法人のこの法律の規定による特定適格消費者団体としての地位を承継した法人は、遅滞なく、その旨を内閣総理大臣に届け出なければならない。

3 特定適格消費者団体である法人が特定適格消費者団体でない法人（適格消費者団体である法人に限る。）に対し被害回復関係業務に係る事業の全部の譲渡をした場合には、その譲渡を受けた法人は、その譲渡について内閣総理大臣の認可がされたときに限り、その譲渡をした法人のこの法律の規定による特定適格消費者団体としての地位を承継する。

4 前項の認可を受けようとする特定適格消費者団体は、その譲渡の日の90日前から60日前までの間（以下この項において「認可申請期間」という。）に、内閣総理大臣に認可の申請をしなければならない。ただし、災害その他やむを得ない事由により認可申請期間にその申請をすることができないときは、この限りでない。

5 前項の申請があった場合において、その譲渡の日までにその申請に対する処分がされないときは、その譲渡を受けた法人は、その処分がされるまでの間は、その譲渡をした法人のこの法律の規定による特定適格消費者団体としての地位を承継しているものとみなす。

6 第65条（第1項及び第2項を除く。）、第66条、第67条及び第68条第1項の規定は、第3項の認可について準用する。

7 特定適格消費者団体である法人は、特定適格消費者団体でない法人に対し被害回復関係業務に係る事業の全部の譲渡をする場合において、第4項の申請をしないときは、その譲渡の日までに、その旨を内閣総理大臣に届け出なければならない。

8 内閣総理大臣は、第2項又は前項の規定による届出があったときは、内閣府令で定めるところにより、その旨を公示するものとする。

（業務廃止の届出）
第73条 特定適格消費者団体が被害回復関係業務を廃止したときは、法人の代表者は、遅滞なく、その旨を内閣総理大臣に届け出なければならない。

2 内閣総理大臣は、前項の規定による届出があったときは、内閣府令で定めるところにより、その旨を公示するものとする。

（特定認定の失効）
第74条 特定適格消費者団体について、次のいずれかに掲げる事由が生じたときは、特定認定は、その効力を失う。

一 特定認定の有効期間が経過したとき（第69条第4項に規定する場合にあっては、更新拒否処分がされたとき）。

二 特定適格消費者団体である法人が特定適格消費者団体でない法人と合併をした場合において、その合併が第71条第3項の認可を経ずにその効力を生じたとき（同条第5項に規定する場合にあっては、その合併の不認可処分がされたとき）。

三 特定適格消費者団体である法人が特定適格消費者団体でない法人に対し被害回復関係業務に係る事業の全部の譲渡をした場合において、その譲渡が第72条第3項の認可を経ずにされたとき（同条第5項に規定する場合にあっては、その譲渡の不認可処分がされたとき）。

四 特定適格消費者団体が被害回復関係業務を廃止したとき。

五 消費者契約法第13条第1項の認定

が失効し、又は取り消されたとき。
2　内閣総理大臣は、前項各号に掲げる事由が生じたことを知った場合において、特定適格消費者団体であった法人を当事者とする被害回復裁判手続が現に係属しているときは、その被害回復裁判手続が係属している裁判所に対し、その特定認定が失効した旨を書面により通知しなければならない。

第２節　被害回復関係業務等

（特定適格消費者団体の責務）

第75条　特定適格消費者団体は、対象消費者の利益のために、被害回復関係業務を適切に実施しなければならない。
2　特定適格消費者団体は、不当な目的でみだりに共通義務確認の訴えの提起その他の被害回復関係業務を実施してはならない。
3　特定適格消費者団体は、被害回復関係業務について他の特定適格消費者団体と相互に連携を図りながら協力するように努めなければならない。

（報酬）

第76条　特定適格消費者団体は、授権をした者との簡易確定手続授権契約又は訴訟授権契約で定めるところにより、被害回復関係業務を行うことに関し、報酬を受けることができる。

（弁護士に追行させる義務）

第77条　特定適格消費者団体は、被害回復関係業務を行う場合において、民事訴訟に関する手続（簡易確定手続を含む。）、仮差押命令に関する手続及び執行抗告（仮差押えの執行の手続に関する裁判に対する執行抗告を含む。）に係る手続については、弁護士に追行させなければならない。

（他の特定適格消費者団体への通知等）

第78条　特定適格消費者団体は、次に掲げる場合には、内閣府令で定めるところにより、遅滞なく、その旨を他の特定適格消費者団体に通知するとともに、その旨及びその内容を内閣総理大臣に報告しなければならない。この場合において、当該特定適格消費者団体が、当該通知及び報告に代えて、全ての特定適格消費者団体及び内閣総理大臣が電磁的方法を利用して同一の情報を閲覧することができる状態に置く措置であって内閣府令で定めるものを講じたときは、当該通知及び報告をしたものとみなす。
一　共通義務確認の訴えの提起又は第56条第１項の申立てをしたとき。
二　共通義務確認訴訟の判決の言渡し又は第56条第１項の申立てについての決定の告知があったとき。
三　前号の判決に対する上訴の提起又は同号の決定に対する不服の申立てがあったとき。
四　第２号の判決又は同号の決定が確定したとき。
五　共通義務確認訴訟における和解が成立したとき。
六　前２号に掲げる場合のほか、共通義務確認訴訟又は仮差押命令に関する手続が終了したとき。
七　共通義務確認訴訟に関し、請求の放棄、和解、上訴の取下げその他の内閣府令で定める手続に係る行為であって、それにより確定判決及びこれと同一の効力を有するものが存することとなるものをしようとするとき。
八　簡易確定手続開始の申立て又はその取下げをしたとき。
九　簡易確定手続開始決定があったとき。
十　第25条第１項の規定による通知をしたとき。
十一　第26条第１項、第３項又は第４項の規定による公告をしたとき。
十二　その他被害回復関係業務に関し内閣府令で定める手続に係る行為がされたとき。
2　内閣総理大臣は、前項の規定による報告を受けたときは、全ての特定適格消費

者団体及び内閣総理大臣が電磁的方法を利用して同一の情報を閲覧することができる状態に置く措置その他の内閣府令で定める方法により、他の特定適格消費者団体に当該報告の日時及び概要その他内閣府令で定める事項を伝達するものとする。

（個人情報の取扱い）
第79条　特定適格消費者団体は、被害回復関係業務に関し、消費者の個人情報（個人に関する情報であって、特定の個人を識別することができるもの（他の情報と照合することにより特定の個人を識別することができることとなるものを含む。）をいう。第3項において同じ。）を保管し、又は利用するに当たっては、その業務の目的の達成に必要な範囲内でこれを保管し、及び利用しなければならない。ただし、当該消費者の同意がある場合その他正当な事由がある場合は、この限りでない。
2　特定適格消費者団体は、被害回復関係業務に関し、消費者から収集した消費者の被害に関する情報を被害回復裁判手続に係る相手方その他の第三者が当該被害に係る消費者を識別することができる方法で利用するに当たっては、あらかじめ、当該消費者の同意を得なければならない。
3　特定適格消費者団体は、被害回復関係業務において消費者の個人情報を適正に管理するために必要な措置を講じなければならない。

（秘密保持義務）
第80条　特定適格消費者団体の役員、職員若しくは専門委員又はこれらの職にあった者は、正当な理由がなく、被害回復関係業務に関して知り得た秘密を漏らしてはならない。

（氏名等の明示）
第81条　特定適格消費者団体の被害回復関係業務に従事する者は、その被害回復関係業務を行うに当たり、被害回復裁判手続に係る相手方の請求があったときは、当該特定適格消費者団体の名称、自己の氏名及び特定適格消費者団体における役職又は地位その他内閣府令で定める事項を、その相手方に明らかにしなければならない。

（情報の提供）
第82条　特定適格消費者団体は、対象消費者の財産的被害の回復に資するため、対象消費者に対し、共通義務確認の訴えを提起したこと、共通義務確認訴訟の確定判決の内容その他必要な情報を提供するよう努めなければならない。

（財産上の利益の受領の禁止等）
第83条　特定適格消費者団体は、次に掲げる場合を除き、その被害回復裁判手続に係る相手方から、その被害回復裁判手続の追行に関し、寄附金、賛助金その他名目のいかんを問わず、金銭その他の財産上の利益を受けてはならない。
一　届出債権の認否、簡易確定決定、異議後の訴訟における判決若しくは請求の認諾又は和解に基づく金銭の支払として財産上の利益を受けるとき。
二　被害回復裁判手続における判決（確定判決と同一の効力を有するもの、仮執行の宣言を付した届出債権支払命令及び第56条第1項の申立てについての決定を含む。次号において同じ。）又は第48条第3項若しくは第49条第1項若しくは民事訴訟法第73条第1項の決定により訴訟費用（簡易確定手続の費用、和解の費用及び調停手続の費用を含む。）を負担することとされた相手方から当該訴訟費用に相当する額の償還として財産上の利益を受けるとき。
三　被害回復裁判手続における判決に基づく民事執行の執行費用に相当する額の償還として財産上の利益を受けるとき。
2　特定適格消費者団体の役員、職員又は

消費者の財産的被害の集団的な回復のための民事の裁判手続の特例に関する法律

専門委員は、特定適格消費者団体の被害回復裁判手続に係る相手方から、その被害回復裁判手続の追行に関し、寄附金、賛助金その他名目のいかんを問わず、金銭その他の財産上の利益を受けてはならない。
3 特定適格消費者団体又はその役員、職員若しくは専門委員は、特定適格消費者団体の被害回復裁判手続に係る相手方から、その被害回復裁判手続の追行に関し、寄附金、賛助金その他名目のいかんを問わず、金銭その他の財産上の利益を第三者に受けさせてはならない。
4 前3項に規定する被害回復裁判手続に係る相手方からその被害回復裁判手続の追行に関して受け又は受けさせてはならない財産上の利益には、その相手方がその被害回復裁判手続の追行に関してした不法行為によって生じた損害の賠償として受け又は受けさせる財産上の利益は含まれない。

（区分経理）
第84条 特定適格消費者団体は、被害回復関係業務に係る経理を他の業務に係る経理と区分して整理しなければならない。

第3節　監督
（適合命令及び改善命令）
第85条 内閣総理大臣は、特定適格消費者団体が、第65条第4項第2号から第7号までに掲げる要件のいずれかに適合しなくなったと認めるときは、当該特定適格消費者団体に対し、これらの要件に適合するために必要な措置をとるべきことを命ずることができる。
2 内閣総理大臣は、前項に定めるもののほか、特定適格消費者団体が第65条第6項第3号に該当するに至ったと認めるとき、特定適格消費者団体又はその役員、職員若しくは専門委員が被害回復関係業務の遂行に関しこの法律の規定に違反したと認めるとき、その他特定適格消費者団体の業務の適正な運営を確保するため必要があると認めるときは、当該特定適格消費者団体に対し、人的体制の改善、違反の停止、業務規程の変更その他の業務の運営の改善に必要な措置をとるべきことを命ずることができる。

（特定認定の取消し等）
第86条 内閣総理大臣は、特定適格消費者団体について、次のいずれかに掲げる事由があるときは、特定認定を取り消すことができる。
一　偽りその他不正の手段により特定認定、第69条第2項の有効期間の更新又は第71条第3項若しくは第72条第3項の認可を受けたとき。
二　第65条第4項各号に掲げる要件のいずれかに適合しなくなったとき。
三　第65条第6項第1号又は第3号に該当するに至ったとき。
四　前3号に掲げるもののほか、この法律若しくはこの法律に基づく命令の規定又はこれらの規定に基づく処分に違反したとき（次項第2号に該当する場合を除く。）。
2 内閣総理大臣は、前項の規定による取消しのほか、特定適格消費者団体について、次のいずれかに掲げる事由があるときは、特定認定又は消費者契約法第13条第1項の認定を取り消すことができる。
一　被害回復裁判手続において、特定適格消費者団体がその相手方と通謀して請求の放棄又は対象消費者の利益を害する内容の和解をしたときその他対象消費者の利益に著しく反する訴訟その他の手続の追行を行ったと認められるとき。
二　第83条第1項又は第3項の規定に違反したとき。
三　当該特定適格消費者団体の役員、職員又は専門委員が第83条第2項又は第3項の規定に違反したとき。
3 特定適格消費者団体が、第78条第1項

の規定に違反して同項の通知又は報告をしないで、共通義務確認の訴えに関し、同項第7号に規定する行為をしたときは、内閣総理大臣は、当該特定適格消費者団体について前項第1号に掲げる事由があるものとみなすことができる。

4　内閣総理大臣は、第1項又は第2項の規定による取消しをしたときは、内閣府令で定めるところにより、その旨及びその取消しをした日を公示するとともに、特定適格消費者団体であった法人に対し、その旨を書面により通知するものとする。この場合において、当該特定適格消費者団体であった法人を当事者とする被害回復裁判手続が現に係属しているときは、その被害回復裁判手続が係属している裁判所に対しても、その取消しをした旨を書面により通知しなければならない。

（手続を受け継ぐべき特定適格消費者団体の指定等）

第87条　被害回復裁判手続（第2条第9号ロに規定する民事執行の手続を除く。）の当事者である特定適格消費者団体に係る特定認定が、第74条第1項各号に掲げる事由により失効し、若しくは前条第1項各号若しくは第2項各号に掲げる事由により取り消されるとき、又はこれらの事由により既に失効し、若しくは既に取り消されているときは、内閣総理大臣は、当該被害回復裁判手続を受け継ぐべき特定適格消費者団体として他の特定適格消費者団体を指定するものとする。ただし、共通義務確認訴訟又は簡易確定手続（特定適格消費者団体であった法人が債権届出をした場合を除く。）において、他に当事者である特定適格消費者団体があるときは、この限りでない。

2　第14条の規定により簡易確定手続開始の申立てをしなければならない特定適格消費者団体に係る特定認定が、第74条第1項各号に掲げる事由により失効し、若しくは前条第1項各号若しくは第2項各号に掲げる事由により取り消されるとき、又はこれらの事由により既に失効し、若しくは既に取り消されているときは、内閣総理大臣は、第14条の規定により簡易確定手続開始の申立てをしなければならない特定適格消費者団体として他の特定適格消費者団体を指定するものとする。ただし、同条の規定により簡易確定手続開始の申立てをしなければならない特定適格消費者団体が他にあるときは、この限りでない。

3　対象債権に係る債務名義を取得した特定適格消費者団体又はその民事執行法第23条第1項第3号に規定する承継人である特定適格消費者団体に係る特定認定が、第74条第1項各号に掲げる事由により失効し、若しくは前条第1項各号若しくは第2項各号に掲げる事由により取り消されるとき、又はこれらの事由により既に失効し、若しくは既に取り消されているときは、内閣総理大臣は、同法第23条第1項第3号に規定する承継人となるべき特定適格消費者団体として他の特定適格消費者団体を指定するものとする。

4　内閣総理大臣は、前3項の規定による指定を受けた特定適格消費者団体（以下この項及び次項において「指定特定適格消費者団体」という。）について、特定認定が、第74条第1項各号に掲げる事由により失効し、若しくは既に失効し、又は前条第1項各号若しくは第2項各号に掲げる事由により取り消されるときは、指定特定適格消費者団体に係る指定を取り消さなければならない。

5　第1項から第3項までの規定による指定は、指定特定適格消費者団体が受け継ぐことになった手続をその指定前に追行していた者に次のいずれかに掲げる事由が生じたことを理由として取り消すことができない。

一　特定認定の取消処分、特定認定の有

効期間の更新拒否処分若しくは第71条第3項の合併若しくは第72条第3項の事業の全部の譲渡の不認可処分（以下この号において「特定認定取消処分等」という。）が取り消され、又は特定認定取消処分等の取消し若しくはその無効若しくは不存在の確認の判決が確定したとき。
　二　消費者契約法第13条第1項の認定の取消処分、同項の認定の有効期間の更新拒否処分若しくは同法第19条第3項の合併若しくは同法第20条第3項の事業の全部の譲渡の不認可処分（以下この号において「認定取消処分等」という。）が取り消され、又は認定取消処分等の取消し若しくはその無効若しくは不存在の確認の判決が確定したとき。
6　内閣総理大臣は、第1項から第3項までの規定による指定をしたときは、内閣府令で定めるところにより、その旨及びその指定をした日を公示するとともに、その指定を受けた特定適格消費者団体に対し、その旨を書面により通知するものとする。第4項の規定により当該指定を取り消したときも、同様とする。
7　前項前段の場合において、特定適格消費者団体であった法人を当事者とする被害回復裁判手続が現に係属しているときは、内閣総理大臣は、その被害回復裁判手続が係属している裁判所に対しても、その指定をした旨を書面により通知しなければならない。
8　次の各号に掲げる場合には、当該各号の指定を受けた特定適格消費者団体は、遅滞なく、知れている届出消費者に、各別にその旨を通知しなければならない。
　一　第1項の規定による指定がされた場合（特定適格消費者団体であった法人が簡易確定手続（当該特定適格消費者団体であった法人が債権届出をした場合に限る。）又は異議後の訴訟の手続の当事者であったときに限る。）
　二　第3項の規定による指定がされた場合
9　第1項から第3項までの規定による指定がされたときは、特定適格消費者団体であった法人は、遅滞なく、その指定を受けた特定適格消費者団体に対し、その指定の対象となった事件について、対象消費者のために保管する物及び被害回復関係業務に関する書類を移管し、その他被害回復関係業務をその指定を受けた特定適格消費者団体に引き継ぐために必要な一切の行為をしなければならない。
　　　　第4節　補則
（消費者契約法の特例）
第88条　特定適格消費者団体である適格消費者団体に対する消費者契約法の規定の適用については、次の表の上欄に掲げる同法の規定中同表の中欄に掲げる字句は、それぞれ同表の下欄に掲げる字句とする。

第29条第1項	その行う差止請求関係業務	その行う差止請求関係業務及び消費者裁判手続特例法第65条第2項に規定する被害回復関係業務（以下単に「被害回復関係業務」という。）
	、差止請求関係業務	、差止請求関係業務及び被害回復関係業務
第31条第2項	差止請求関係業務その他の業務がこの法律	差止請求関係業務、被害回復関係業務その他の業務がこの法律及び消費者裁判手続特例法
第31条第3項第7号	差止請求関係業務	差止請求関係業務及び被害回復関係業務
第32条第1項	この法律	この法律又は消費者裁判手続特例法

（官公庁等への協力依頼）
第89条　内閣総理大臣は、この法律の

実施のため必要があると認めるときは、官庁、公共団体その他の者に照会し、又は協力を求めることができる。

（判決等に関する情報の公表）
第90条　内閣総理大臣は、消費者の財産的被害の防止及び救済に資するため、特定適格消費者団体から第78条第1項（第1号及び第7号を除く。）の規定による報告を受けたときは、インターネットの利用その他適切な方法により、速やかに、共通義務確認訴訟の確定判決（確定判決と同一の効力を有するものを含む。）の概要、当該特定適格消費者団体の名称及び当該共通義務確認訴訟の相手方の氏名又は名称その他内閣府令で定める事項を公表するものとする。

2　前項に規定する事項のほか、内閣総理大臣は、被害回復関係業務に関する情報を広く国民に提供するため、インターネットの利用その他適切な方法により、特定適格消費者団体の名称及び住所並びに被害回復関係業務を行う事務所の所在地その他内閣府令で定める必要な情報を公表することができる。

3　内閣総理大臣は、独立行政法人国民生活センターに、前2項に規定する情報の公表に関する業務を行わせることができる。

（特定適格消費者団体への協力等）
第91条　独立行政法人国民生活センター及び地方公共団体は、内閣府令で定めるところにより、特定適格消費者団体の求めに応じ、当該特定適格消費者団体が被害回復関係業務を適切に遂行するために必要な限度において、当該特定適格消費者団体に対し、消費生活に関する消費者と事業者との間に生じた苦情に係る相談に関する情報で内閣府令で定めるものを提供することができる。

2　前項の規定により情報の提供を受けた特定適格消費者団体は、当該情報を当該被害回復関係業務の用に供する目的以外の目的のために利用し、又は提供してはならない。

（権限の委任）
第92条　内閣総理大臣は、この章の規定による権限（政令で定めるものを除く。）を消費者庁長官に委任する。

第4章　罰則

第93条　特定適格消費者団体の役員、職員又は専門委員が、特定適格消費者団体の被害回復裁判手続に係る相手方から、寄附金、賛助金その他名目のいかんを問わず、当該特定適格消費者団体における次に掲げる行為の報酬として、金銭その他の財産上の利益を受け、又は第三者（当該特定適格消費者団体を含む。）に受けさせたときは、3年以下の懲役又は300万円以下の罰金に処する。

一　共通義務確認の訴えの提起、簡易確定手続の申立て、債権届出、簡易確定手続若しくは異議後の訴訟に関する民事執行の申立て又は第56条第1項の申立てをしないこと又はしなかったこと。

二　第31条第1項又は第53条第1項の授権に係る債権に係る裁判外の和解をすること又はしたこと。

三　被害回復裁判手続を終了させること又は終了させたこと。

2　前項の利益を供与した者も、同項と同様とする。

3　第1項の場合において、犯人又は情を知った第三者が受けた財産上の利益は、没収する。その全部又は一部を没収することができないときは、その価額を追徴する。

4　第1項の罪は、日本国外においてこれらの罪を犯した者にも適用する。

5　第2項の罪は、刑法（明治40年法律第45号）第2条の例に従う。

第94条　次のいずれかに該当する者は、100万円以下の罰金に処する。

一　偽りその他不正の手段により特定認

定、第69条第2項の有効期間の更新又は第71条第3項若しくは第72条第3項の認可を受けた者
　二　第80条の規定に違反して、被害回復関係業務に関して知り得た秘密を漏らした者

第95条　次のいずれかに該当する者は、50万円以下の罰金に処する。
　一　第66条第1項（第69条第6項、第71条第6項及び第72条第6項において準用する場合を含む。）の申請書又は第66条第2項各号（第69条第6項、第71条第6項及び第72条第6項において準用する場合を含む。）に掲げる書類に虚偽の記載をして提出した者
　二　第68条第3項の規定に違反して、特定適格消費者団体であると誤認されるおそれのある文字をその名称中に用い、又はその業務に関し、特定適格消費者団体であると誤認されるおそれのある表示をした者

第96条　法人（法人でない団体で代表者又は管理人の定めのあるものを含む。以下この項において同じ。）の代表者若しくは管理人又は法人若しくは人の代理人、使用人その他の従業者が、その法人又は人の業務に関し、前3条の違反行為をしたときは、行為者を罰するほか、その法人又は人に対しても、各本条の罰金刑を科する。
2　法人でない団体について前項の規定の適用がある場合には、その代表者又は管理人が、その訴訟行為につき法人でない団体を代表するほか、法人を被告人又は被疑者とする場合の刑事訴訟に関する法律の規定を準用する。

第97条　次のいずれかに該当する者は、100万円以下の過料に処する。
　一　第14条の規定に違反して、正当な理由がないのに簡易確定手続開始の申立てを怠った者
　二　第33条第1項の規定に違反して、やむを得ない理由がないのに簡易確定手続授権契約の締結を拒んだ者
　三　第33条第2項の規定に違反して、やむを得ない理由がないのに簡易確定手続授権契約を解除した者

第98条　次のいずれかに該当する者は、50万円以下の過料に処する。
　一　第25条第1項若しくは第26条第3項前段の規定による通知をすることを怠り、又は不正の通知をした者
　二　第26条第1項、第3項前段若しくは第4項の規定による公告をすることを怠り、又は不正の公告をした者

第99条　次のいずれかに該当する者は、30万円以下の過料に処する。
　一　第53条第4項の規定に違反して、正当な理由がないのに訴訟授権契約の締結を拒んだ者
　二　第53条第5項の規定に違反して、正当な理由がないのに訴訟授権契約を解除した者
　三　第68条第2項の規定による掲示をせず、又は虚偽の掲示をした者
　四　第70条、第71条第2項若しくは第7項、第72条第2項若しくは第7項又は第73条第1項の規定による届出をせず、又は虚偽の届出をした者
　五　第78条第1項前段の規定による通知若しくは報告をせず、又は虚偽の通知若しくは報告をした者
　六　第79条第2項の規定に違反して、消費者の被害に関する情報を利用した者
　七　第81条の規定に違反して、同条の請求を拒んだ者
　八　第87条第9項の規定による被害回復関係業務の引継ぎを怠った者
　九　第91条第2項の規定に違反して、情報を同項に定める目的以外の目的のために利用し、又は提供した者

　　　附　則
（施行期日）

第1条　この法律は、公布の日から起算して3年を超えない範囲内において政令で定める日から施行する。ただし、附則第3条、第4条及び第7条の規定は、公布の日から施行する。
（経過措置）
第2条　この法律は、この法律の施行前に締結された消費者契約に関する請求（第3条第1項第5号に掲げる請求については、この法律の施行前に行われた加害行為に係る請求）に係る金銭の支払義務には、適用しない。
（検討等）
第3条　政府は、この法律の趣旨にのっとり、特定適格消費者団体がその権限を濫用して事業者の事業活動に不当な影響を及ぼさないようにするための方策について、事業者、消費者その他の関係者の意見を踏まえて、速やかに検討を加え、その結果に基づいて必要な措置を講ずるものとする。
第4条　政府は、特定適格消費者団体による被害回復関係業務の適正な遂行に必要な資金の確保、情報の提供その他の特定適格消費者団体に対する支援の在り方について、速やかに検討を加え、その結果に基づいて必要な措置を講ずるものとする。
第5条　政府は、この法律の施行後3年を経過した場合において、消費者の財産的被害の発生又は拡大の状況、特定適格消費者団体による被害回復関係業務の遂行の状況その他この法律の施行の状況等を勘案し、その被害回復関係業務の適正な遂行を確保するための措置並びに共通義務確認の訴えを提起することができる金銭の支払義務に係る請求及び損害の範囲を含め、この法律の規定について検討を加え、必要があると認めるときは、その結果に基づいて所要の措置を講ずるものとする。

2　政府は、前項に定める事項のほか、この法律の施行後3年を経過した場合において、この法律の施行の状況について検討を加え、必要があると認めるときは、その結果に基づいて所要の措置を講ずるものとする。

第6条　政府は、第3条第1項各号に掲げる請求に係る金銭の支払義務であって、附則第2条に規定する請求に係るものに関し、当該請求に係る消費者の財産的被害が適切に回復されるよう、重要消費者紛争解決手続（独立行政法人国民生活センター法（平成14年法律第123号）第11条第2項に規定する重要消費者紛争解決手続をいう。）等の裁判外紛争解決手続（裁判外紛争解決手続の利用の促進に関する法律（平成16年法律第151号）第1条に規定する裁判外紛争解決手続をいう。）の利用の促進その他の必要な措置を講ずるものとする。
第7条　政府は、この法律の円滑な施行のため、この法律の趣旨及び内容について、広報活動等を通じて国民に周知を図り、その理解と協力を得るよう努めるものとする。

（登録免許税法の一部改正）
第8条　登録免許税法（昭和42年法律第35号）の一部を次のように改正する。
　別表第一第50号の次に次のように加える。

50の2　被害回復裁判手続に係る特定適格消費者団体の認定		
消費者の財産的被害の集団的な回復のための民事の裁判手続の特例に関する法律（平成25年法律第96号）第65条第1項（特定適格消費者団体の認定）の認定（更新の認定を除く。）	認定件数	1件につき1万5千円

（民事訴訟費用等に関する法律の一部改正）

消費者の財産的被害の集団的な回復のための民事の裁判手続の特例に関する法律

第9条 民事訴訟費用等に関する法律（昭和46年法律第40号）の一部を次のように改正する。

第3条第2項中「した者」の下に「（第3号に掲げる場合において消費者の財産的被害の集団的な回復のための民事の裁判手続の特例に関する法律（平成25年法律第96号）第46条第2項の規定により届出消費者が異議の申立てをしたときは、その届出消費者）」を加え、同項に次の1号を加える。

三　消費者の財産的被害の集団的な回復のための民事の裁判手続の特例に関する法律第52条第1項の規定により債権届出の時に訴えの提起があつたものとみなされたとき。

別表第一の16の項イ中「その他」を「、消費者の財産的被害の集団的な回復のための民事の裁判手続の特例に関する法律第14条の規定による申立てその他」に改め、同項の次に次のように加える。

| 16の2 | 消費者の財産的被害の集団的な回復のための民事の裁判手続の特例に関する法律　第30条第2項の債権届出 | 1個の債権につき1,000円 |

（民事執行法の一部改正）
第10条　民事執行法の一部を次のように改正する。

第22条第3号の2の次に次の1号を加える。

　　三の三　仮執行の宣言を付した届出債権支払命令

第33条第2項第1号中「次号」の下に「、第1号の3」を加え、同項第1号の2の次に次の1号を加える。

　　一の三　第22条第3号の三に掲げる債務名義並びに同条第7号に掲げる債務名義のうち届出債権支払命令並びに簡易確定手続における届出債権の認否及び和解に係るもの　簡易確定手続が係属していた地方裁判所

第33条第2項第6号中「第1号の2」の下に「及び第1号の3」を加える。

第35条第1項中「、第3号の2又は第4号」を「又は第3号の2から第4号まで」に改める。

第173条第2項中「第1号の2」の下に「、第1号の3」を加える。

第197条第1項及び第201条第2号中「、第4号」を「から第4号まで」に改める。

（消費者契約法の一部改正）
第11条　消費者契約法の一部を次のように改正する。

第13条第5項第1号中「この法律」の下に「、消費者の財産的被害の集団的な回復のための民事の裁判手続の特例に関する法律（平成25年法律第96号。以下「消費者裁判手続特例法」という。）」を加え、同項第2号中「第34条第1項各号」の下に「若しくは消費者裁判手続特例法第86条第2項各号」を加え、「同条第3項」を「第34条第3項」に改め、同項第6号イ中「禁錮」を「禁錮」に改め、「この法律」の下に「、消費者裁判手続特例法」を加え、同号ロ中「第34条第1項各号」の下に「若しくは消費者裁判手続特例法第86条第2項各号」を加え、「同条第3項」を「第34条第3項」に改める。

第34条第3項中「除く。）」の下に「若しくは消費者裁判手続特例法第86条第2項各号に掲げる事由」を加え、「関し同項第4号」を「関し第1項第4号」に改める。

第35条第1項及び第4項第1号中「前条第1項各号」の下に「若しくは消費者裁判手続特例法第86条第2項各号」を加える。

事項索引

あ

相手方による公表……………………108
預り金……………………………………129
アメリカ…………………………………47, 51

い

異議後の訴訟……………………121, 130
　──の口頭弁論終結時………89, 95
　──の授権……………………………123
　──の当事者…………………………121
異議申立て…………42, 114, 121, 139
逸失利益…………………………………77
委任契約…………………………………110
医薬品医療機器総合機構……………67

う

ウェブページ……………………………108
訴え提起が不法行為になる場合…136
訴え提起の手数料……………………121
訴え提起の擬制………………………121
訴えの取下げ……………………………92
訴えの変更……………………………125
訴えの利益……………………………92, 98

え

ADR………………………………………136
SEC…………………………………………54
エステ施術契約…………………………65
FTC…………………………………………54

お

OECD消費者の紛争解決及び救済に関する勧告…56
オーストラリア……………………51〜52
オプトアウト型…………………………50, 57
オプトイン型……………………………52, 57

か

解除………………………………………75
改善命令………………………………147

拡大損害…………………………………77
確定判決の概要等公表………………150
確定判決と同一の効力……113〜114, 126
確認の利益………………………………91
学納金……………………………65, 76, 89
瑕疵担保責任……………………………76
過失相殺……………………………66, 69
合併……………………………………135
カナダ……………………………………50
過払い金返還請求………………66, 69
仮差押え……………………28, 86, 100, 141
仮執行宣言………………………114, 140
簡易確定決定……39, 114, 121, 124, 130, 139
簡易確定手続…………………………104〜
　──開始決定………………………105
　──開始申立ての取下げ……105, 116
　──の開始申立て………………36, 104〜
　──申立団体………………………105
勧誘または勧誘をさせたり助長したりする事業者………62

き

基準時前の事由…………………………97
偽造品販売………………………………77
既判力………………………………81, 97, 117
　──が及ぶ範囲……………………114
　──の主観的範囲……………………98
旧訴訟物理論……………………………79
共通義務確認の訴え…………61〜, 141〜
強制執行………………………………126
共通義務の存否に関する和解………93
共通義務を「負うべきこと」………95
共通性…………………………51, 63〜66, 101
共通争点確認……………………………57
共同訴訟参加……………………………94, 100
業務規程………………………………130, 145
協力……………………………………150
虚偽認定申請…………………………152
虚偽表示…………………………………75
ギリシャ…………………………………53
金銭を支払う義務を負うべきことの確認………79

金融商品取引法··78
金融商品販売法··78

く

グーグル・ブックサーチ······································51
腐った権利··49
区分経理···129, 140
クラスアクション······································47〜54
グループ訴権··53

け

掲示板システム···142
契約上の債務の履行請求権·······························74
経理的基礎··133, 137
原告適格··61
現物まがい商法··77

こ

公告···108, 133
公衆に見やすいように掲示·····························108
公序良俗··75
更新申請···134
公平誠実義務·······················112, 115, 126〜128, 130
国際裁判管轄··73
国民生活審議会意見書······································56
国民生活センター·············10, 84〜85, 146, 151, 154
個人情報管理義務··143〜
個人情報漏えい··78
個人データ···144
誤認惹起行為··152
個別費用···140
ゴルフ場の預託金返還請求権·························74

さ

債権確定手続···104
債権執行における取立訴訟·····························127
債権者代位訴訟···118
債権届出却下決定···112
債権届出書··112, 121
債権届出団体··112
債権届出の取下げ·······························106, 113, 116
債権届出の変更···112
財産権上の請求でない請求とみなす···············71
財産権の不可侵··49
財産的利益の受領禁止···································139

再審···115
裁判を受ける権利································49, 136
催眠商法··76
債務の履行をする事業者·································62
債務不存在確認の訴え···································100
債務不履行··76
詐害再審···95, 98
詐欺···80
詐欺強迫··75
錯誤···75
差止関係業務··132

し

敷金の不返還··75
事業者···61
事業譲渡···135
時効中断効···117
事後的な通知報告義務·····························90, 101
事実関係の主要部分が共通·····························64
下請事業者··62
執行制度の機能不全·····································102
執行文付与に対する異議の訴え·····················127
執行文付与の訴え··127
執行力···109
実体法説··79
支配性··31, 63, 66, 77, 102
自白···113
司法制度改革推進計画······································55
氏名等明示義務···145
集団的消費者被害回復制度等に関する研究会···56
集団的消費者被害回復に係る訴訟制度案·······60
集団的消費者被害回復に係る訴訟制度の骨子···59
集団的消費者被害救済制度研究会···················57
集団的消費者被害救済制度専門調査会···········57
授権···37, 110
──契約···129
──契約解除··111
──契約締結を拒むことができる正当な理由···124
──の取消し··110
──を欠くとき···124
承継···149
承継（交替）執行文······································128
証拠書類···111
証拠制限···114

185

事項索引

上訴の取下げ……………………………141, 148
消費生活ウォッチャー調査……………44, 46
消費者相談窓口……………………………………10
消費者団体訴権……………………………………53
消費者庁及び消費者委員会設置法……………56
消費者の特定に必要な書類……………………111
消費者の破産……………………………………118
消費生活センター…………………………………45
情報開示命令……………………………………109
情報提供努力義務………………………………145
消滅時効の中断効………………………………106
縦覧………………………………………………133
職権調査事項……………………………………114
信義誠実の原則…………………………………113
人事訴訟や会社訴訟など…………………………49
申請書類虚偽記載………………………………152
新訴訟物理論………………………………………79
信託財産…………………………………………130
審判の範囲…………………………………121～122
審理の対象…………………………………………90

す

スウェーデン………………………………………52

せ

請求異議の訴え…………………………………127
請求の客観的併合…………………………………99
　──の原因………………………………………88
　──の趣旨………………………………………87
　──の認諾……………………………92, 104, 139
　──の放棄…………………………92, 140～141, 148
成功報酬制…………………………………………48
製造物責任……………………………………48, 78
正当な理由………………………………………105
責任追及の訴え…………………………………119
説明義務…………………………………………111
善管注意義務……………………………110, 115, 130
選択的併合……………………………………96, 99
選定当事者…………………………………………52

そ

総括執行……………………………………………92
相殺の抗弁………………………………………126
贈収賄……………………………………………151
訴状…………………………………………86, 89

　──の書き方……………………………………28
　──の送達……………………………………121
訴訟上の和解（→和解）
訴訟追行権の授与………………………………110
訴訟手続の中止…………………………………100
訴訟費用の負担…………………………………139
訴訟物………………………………………79, 121
訴訟法説……………………………………………79
訴訟要件…………………………………………19～
損害額またはその算定方法……………………96

た

第三者異議の訴え………………………………127
第三者の執行担当………………………………127
対象債権及び対象消費者の範囲…………………86
対象債権の総額…………………………………101
対象事件……………………………………………74
対象消費者に金員を支払う旨の和解……………93
　──に対する通知公告………………………106
　──の個別的権利行使………………………100
対世効………………………………………………49
多数性……………………………………51, 63, 91, 102
単純執行文………………………………………128
単純併合……………………………………88, 96, 99
担保………………………………………………102

ち

遅延損害金の起算点………………………………88
中断・受継…………………………………91, 125
懲罰賠償…………………………………………48

つ

通知報告義務……………………………94, 105, 106, 141

て

手形小切手訴訟における異議…………………123
適格消費者団体……………………………57, 132
適格消費者団体認定失効………………………118
適格認定の取消し………………………………148
適合命令…………………………………………147
適切性………………………………………………51
手続費用や弁護士費用……………………………16
典型性………………………………………………51
電磁的記録………………………………………109
電磁的方法…………………………………106, 142

事項索引

電子メール……………………………………106, 109

と

ドイツ……………………………………………52
独占禁止法………………………………………78
特定適格消費者団体の破産…………………118
特定認定………………………………………132
　――申請書…………………………………133
　――の失効・取消し…………91, 118, 134, 148
　――の有効期間……………………………134
　――要件……………………………………133
特別裁判籍………………………………………71
土地管轄…………………………………………71
届出債権支払命令………………………114, 140
　――取消……………………………………126
　――認可……………………………………126
届出消費者表…………………………112〜113, 126, 130
取消権行使期間………………………………80, 89

に

二段階型…………………………………………53
日本訪問販売協会………………………………6
任意的訴訟担当………………………………110
認諾……………………………………………140
認否………………………………………………39
　――の理由記述……………………………113
　――を争う申出………………………39, 113, 130

は

PIO-NET………………………………………10, 101
陪審裁判…………………………………………48
配当異議の訴え………………………………127
破産……………………………………………91〜, 115〜
　――管財人…………………………………116
　――債権査定……………………………115, 117
　――債権調査手続…………………………117
破綻必至の詐欺的商法…………………………65
判決効……………………………………………48
反訴……………………………………………125

ひ

被害回復関係業務……………………………132
　――に係る経理……………………………129
被害回復裁判手続の承継……………………149
被告事業者の破産………………………………91

被告適格…………………………………………61
被保全権利……………………………………101
秘密保持義務…………………………………145
秘密漏示………………………………………152

ふ

不具合の認定判断………………………………66
不実告知…………………………………………80
不当勧誘…………………………………………75
不動産取引仲介業者……………………………62
不当な目的でみだりに………………135, 137
不当利得返還請求権……………………………75
不変期間………………………104, 113, 124, 142
不法行為……………………………………62, 80
プライバシー…………………………………144
ブラジル…………………………………………53
フランス………………………………………52〜53
文書送付嘱託…………………………………114
文書提出命令…………………………………114
分配手続………………………………………129

へ

平均的損害………………………………………97
併用型……………………………………………52
弁護士会照会……………………………………85
弁護士に訴訟追行させる義務………………85, 137
弁済受領権限………………………………116, 128
弁論の併合……………………………………125

ほ

包括承継人………………………………………86
法人解散事由…………………………………118
法テラス………………………………………136
法律扶助………………………………………136
保険業法…………………………………………78
保険金請求…………………………………69, 75
保険代理店………………………………………62
補助参加………………………………………100
保全取消し……………………………………102
保全の必要性…………………………………102
本案の起訴命令………………………………102

ま

マルチ商法統括事業者…………………………62
マンション建築瑕疵………………………64, 77

187

事項索引

み
未公開株商法……………………62, 77
民事保全法………………………100～
民事ルール…………………………55

も
申立義務……………………………104
申立ての追完………………………104
目的外使用…………………………151
モニター商法………………………76

や
薬害肝炎……………………………67

ゆ
有名義債権…………………………106

ら
濫訴……………………………48, 135

り
利益供与禁止………………………128
利益吐出し命令……………………54
両罰規定……………………………152
理事会…………………………27, 133

る
類似必要的共同訴訟………………99

れ
連携………………………………141～

わ
和解……31, 92～, 104, 115, 128, 129, 139～141, 148
ワンクリック詐欺…………………77

法令索引

◆会社法
847条··119

◆憲法
29条··49
32条···49, 136

◆個人情報保護法
2条··143
20条··144
21条··144
22条··144

◆消費者基本法
5条··6
19条··10

◆消費者契約法
2条··61
4条··62, 75
7条··80, 89
9条··97
10条··75
13条······································132, 138, 148
22条··118
23条··94, 142
24条··143
25条··145
26条··145
27条··146
28条··140
29条··141
33条··147
34条··149
37条··150
39条··151
40条··85, 151

◆消費者契約法施行規則
13条··94
20条··145

◆消費者裁判手続特例法
2条············63, 73, 79, 89, 95, 126〜127, 135
3条····························61, 71, 74, 77, 135
4条··71
5条··86
6条····································63, 71〜73, 82, 99
7条··72, 82
8条··100
9条··98
10条··93
11条··95
12条··93
14条··104, 152
15条··104
17条··105
18条··105, 116
19条··105
20条··86, 105
21条··105
22条····································86, 104〜105, 108
25条····························86, 106, 139, 142, 146, 153
26条····························86, 106, 108, 142, 146, 153
27条··108
28条··109
29条··109
30条··82, 144
31条································110, 119, 122〜124
32条··110, 111
33条································110〜111, 124, 144, 152
34条····································110, 126, 128, 130
35条··121
37条··115
38条··117
40条··113, 116
42条····································113, 116, 126, 130, 139
43条··113
44条··114
45条··114
46条····································114, 121, 130, 139
47条····································113, 116, 127〜128, 130
48条··140

189

法令索引

49条	140
50条	113
52条	115, 117, 121
53条	122～123, 124, 127～128, 130, 153
54条	125
55条	126, 130, 139
56条	86, 100～101, 140～141
58条	102
59条	103
60条	91
61条	91, 118
62条	82, 100
63条	115
65条	116, 130, 132～133, 135～136, 139, 145, 147
66条	138～139, 145
67条	133, 145
68条	134, 153
69条	134, 138
70条	134, 153
71条	135, 153
72条	135, 154
73条	134, 154
74条	91, 134
75条	93, 142
76条	136, 138
77条	85, 137
78条	94, 101, 105～106, 108, 141, 148, 154
79条	143～144, 154
80条	145, 152
81条	154
82条	145, 146
83条	93, 128, 139～140
84条	129, 140
85条	135, 147
86条	91, 93, 115, 134, 148～149
87条	91, 134, 149～150, 154
89条	150
90条	145
91条	85, 151, 154
93条	151
94条	145, 152
95条	152
96条	152
97条	105, 111, 152
98条	108, 153
99条	101, 105～106, 108, 124, 153

◆信託法

23条	130
25条	130

◆特定商取引法

3条から10条	5
26条	5

◆破産法

44条	91, 115
45条	118
100条	115
101条	104
115条	115
127条	116
129条	106, 116

◆弁護士法

23条	85
72条	138

◆民事執行法

27条	128
33条	127
34条	127
35条	127
38条	127
90条	127
157条	127

◆民事訴訟法

2条	113
3条の3	74
3条の4	74
4条	71～72
5条	71
8条	71
11条	72
12条	72
30条	52, 110, 128
40条	99
52条	94, 99

58条	124
73条	140
89条	92
97条	104
114条	81
124条	115, 122, 124
136条	99
152条	82
246条	82
261条	92〜93, 113
262条	105, 113
264条	92
266条	92
267条	139
357条	123

◆民法

90条	75
94条	75
95条	75
96条	75
126条	80
415条	76
423条	118
484条	71
541条	75
543条	75
570条	76
703条	75
704条	75
709条	77, 80

◆民事保全法

13条	101〜102
14条	102
20条	101
21条	102

◆薬害肝炎被害救済特別措置法

3条	67
4条	67

町村泰貴（まちむら・やすたか）

北海道大学法学部卒業、同大学院、同助手、小樽商科大学助教授、亜細亜大学教授、南山大学教授を歴任し、2007年より北海道大学大学院法学研究科教授。研究分野は、民事訴訟法を中心とするも消費者法、サイバー法等多岐にわたる。
《主な著作》『電子商取引法』（共編著、勁草書房、2013年）、『法はDV被害者を救えるか』（共編著、商事法務、2013年）、『新法学講義民事訴訟法』（共著、悠々社、2012年）、『クラウドコンピューティングの法律』（共著、民事法研究会、2012年）、『実践的eディスカバリ─米国民事訴訟に備える』（共著、エヌティティ出版、2010）

特定非営利活動法人 消費者支援ネット北海道

北海道で唯一の適格消費者団体であるNPO法人。消費者の被害の防止及び救済のための活動を推進し、消費者や消費者団体・関係諸機関・消費者問題専門家等との連携・相互援助を図りつつ、各種消費者被害の調査・研究・情報収集、並びに消費者被害の未然若しくは拡大防止、及び被害救済のための活動を行うことによって、消費者全体の利益擁護、消費者の権利の確立に寄与することを目的としている。

〒060-0004
札幌市中央区北4条西12丁目1番55 ほくろうビル4F
電話　011-221-5884
FAX　011-221-5887
e-mail　info_hokkaido@hocnet1222.jp

消費者のための集団裁判
―― 消費者裁判手続特例法の使い方

2014年11月19日　初版第1刷発行

監　修　特定非営利活動法人消費者支援ネット北海道
著　者　町村泰貴
発行者　井田　隆

発行所　弁護士会館ブックセンター出版部LABO
　　　　〒100-0013 東京都千代田区霞が関1-1-3　弁護士会館地下1階
　　　　　　　　TEL　03-5157-5227　FAX　03-5512-1085
発　売　株式会社大学図書
　　　　〒101-0062 東京都千代田区神田駿河台3-7
　　　　　　　　TEL　03-3295-6861　FAX　03-3219-5158

編集担当　渡邊　豊
印刷担当　松﨑敬治
印　刷　所　萩原印刷株式会社
カバーデザイン　やぶはなあきお

ISBN978-4-904497-17-3
Ⓒ Yasutaka Machimura Printed in Japan

乱丁・落丁の節は、当該書籍の確認後、お取替えいたします。
本書の複写は著作権法上の例外を除き禁止されています。本書の電子的複製は私的利用を除き認められておりません。